Louis Vitet

Ary Scheffer

Beaux-Arts

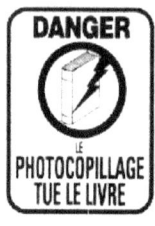 Le code de la propriété intellectuelle du 1er juillet 1992 interdit en effet expressément la photocopie à usage collectif sans autorisation des ayants droit. Or, cette pratique s'est généralisée dans les établissements d'enseignement supérieur, provoquant une baisse brutale des achats de livres et de revues, au point que la possibilité même pour les auteurs de créer des œuvres nouvelles et de les faire éditer correctement est aujourd'hui menacée. En application de la loi du 11 mars 1957, il est interdit de reproduire intégralement ou partiellement le présent ouvrage, sur quelque support que ce soit, sans autorisation de l'Éditeur ou du Centre Français d'Exploitation du Droit de Copie , 20, rue Grands Augustins, 75006 Paris.

ISBN : 978-1976289040

10 9 8 7 6 5 4 3 2 1

Louis Vitet

Ary Scheffer

Beaux-Arts

Table de Matières

Ary Scheffer   **6**

Ary Scheffer

Parmi les peintres d'élite, les uns déjà dans la tombe, les autres encore debout, qui depuis un demi-siècle ont illustré notre école, Ary Scheffer occupait non-seulement un des premiers rangs, mais une place à part. Cette place, il l'avait conquise par une originalité véritable, par quelque chose qui lui était propre dans la manière de percevoir et d'exprimer le beau. Talent sincère, naturel, indépendant, fidèle à sa vocation, sans souci de la mode, sans trouble du succès des autres, il avait la foi de l'artiste, et ce n'était pas là sa moindre originalité. Cette foi, qui décline et périt d'heure en heure chez nos plus jeunes et chez nos plus habiles, chez lui ne faisait que grandir à mesure qu'il prenait des années. Chaque jour, il devenait donc une exception plus rare, un contraste vivant plus utile à observer, un plus précieux exemple. Aussi, lorsque naguère la mort l'est venue frapper avant le déclin de l'âge et à l'apogée du talent, l'émotion a été profonde, le regret unanime. Tous ceux qui ont encore à cœur d'entretenir en ce pays quelque tradition généreuse ont vu dans cette mort autre chose qu'un deuil de famille et d'amis ; ils ont senti que la noble cause de l'art et de la pensée venait de perdre un de ses champions les plus vaillants et les meilleurs. Sans parler des leçons, des conseils, des secours de tout genre et de toute nature qu'il aurait continué à prodiguer autour de lui, c'eût été quelque chose de fortifiant, de salutaire, que pendant dix ou quinze ans peut-être son laborieux pinceau pût s'exercer encore, qu'il pût soit achever, soit créer à nouveau quelques-unes des toiles qu'il rêvait, œuvres de peintre et de poète, conçues comme toujours dans les régions de l'idéal, étudiées avec persévérance, exécutées avec la fraîcheur d'idées et l'émotion d'un esprit toujours jeune, mêlées aux réflexions savantes de l'expérience et de la maturité.

À défaut de ce qu'il aurait pu faire, nous essaierons ici de rappeler ce qu'il a fait. Ce sera toujours un enseignement, et des plus opportuns, que cette longue série d'œuvres intelligentes, que cette vie de travail, que cette élévation constante de sentiments et de pensées. En recueillant nos souvenirs, nous dirons franchement tout ce qu'ils nous rappellent. Ce n'est point un panégyrique que nous entreprenons, c'est un hommage impartial et sincère à la mé-

Louis Vitet

moire d'un homme qui aimait la vérité et qui savait l'entendre. Vivant, il nous autorisait à la lui dire, nous ne la tairons point sur sa tombe. Nul mieux que lui ne connaissait, nul n'indiquait avec plus de finesse les côtés vulnérables de son savoir et de son talent. Nul aussi n'était meilleur juge du mérite des autres et du sien. Pour rester dans la juste mesure de la critique et de l'éloge, nous ne souhaitons que de parler de lui comme il en eût parlé lui-même. Mettre dans son vrai jour le caractère de ses ouvrages, le genre de facultés qui dominait en lui, ce qui le distinguait de ses rivaux de gloire, marquer les phases successives, les degrés qu'il a parcourus, le rôle qu'il a joué et la part qu'il a prise au mouvement des esprits de son temps, voilà ce que nous tenterons d'abord.

Ce ne sera pas tout : ne parler que du peintre serait faire une incomplète histoire. Certains artistes, il est vrai, n'existent que par leurs œuvres. Hors de ce qu'ils ont fait, ils ne sont pas, il n'y a rien à en dire. Leur personne est un accessoire dont il vaut mieux ne point parler. Scheffer au contraire, si habile et si haut placé qu'il fût dans son art, était de sa personne peut-être encore supérieur à ses œuvres. On donnerait donc de lui une imparfaite idée en ne faisant voir que ce qu'il a produit. Ce qu'il était, ce qu'il valait par lui-même, sans palette ni pinceaux ; ce qu'il avait d'esprit, ce qu'en mainte occasion il avait eu de courage et de cœur, voilà le complément de cette vie d'artiste. Nous essaierons de ne pas l'oublier.

Ary Scheffer était né, vers 1795, à Dordrecht, en Hollande. On pourra donc un jour, comme à Philippe de Champagne, lui refuser l'entrée de notre école au nom de la géographie. La nouvelle consigne adoptée au musée du Louvre l'enverrait, lui et ses œuvres, parmi les Hollandais, gens habiles à coup sûr, divins même si l'on veut, mais dont pas un n'est de sa famille, et qui ne lui ont transmis en héritage pas plus leurs qualités que leurs défauts. Ce qui peut nous rassurer sur la nationalité de Scheffer, c'est qu'au moment de sa naissance la Hollande nous appartenait, et qu'il put faire valoir les droits que lui assurait le code, sans parler de ; ceux que confèrent une éducation toute française et cinquante ans de séjour à Paris !

C'est pourtant à Dordrecht qu'il fit ses premières armes. Il naquit, on peut dire, le crayon à la main. Son père était artiste, artiste de talent, et promettait de devenir un peintre, si la mort lui en eût donné le temps. Elle le surprit presque au début de sa carrière. Il laissait une veuve, quelques tableaux inachevés, et trois fils encore enfants. Tous trois se sont fait un nom. Ary était l'aîné ; une vocation non équivoque le destinait à la peinture. Il y a des gens à Amsterdam qui se souviennent encore d'avoir vu, du temps du roi Louis, un tableau qui fit sensation et qui reçut les honneurs d'une exposition publique ; c'était une assez grande toile, des figures de grandeur naturelle, un vrai tableau, une œuvre d'homme, et l'auteur n'avait pas douze ans : il se nommait Ary Scheffer.

On dit, non sans raison, que les petits prodiges ne sont pas toujours de grands hommes, et pourtant il faut reconnaître que dans les arts c'est un indice et presque un gage nécessaire d'une supériorité future qu'une assez grande précocité. Des écrivains, des poètes même qui ne découvrent leur talent qu'à l'âge de raison, même après quarante ans, comme Jean-Jacques et Walter Scott, il y en a toujours eu ; quant aux peintres et aux musiciens, il faut qu'ils soient plus diligents, Ce n'est pas trop de la souplesse, de la flexibilité de l'enfance pour façonner une main d'artiste. Plus vous aurez de génie, plus votre main doit de bonne heure se préparer à vous comprendre et à vous obéir. Pas de Raphaël sans des doigts de fée, tandis qu'on peut si bien écrire en tenant si mal sa plume ! Tous les enfants de sept ans qui improvisent au piano ne seront pas des Mozart ni même des Listz ; mais des Mozart qui se révèlent à trente ans ou seulement à vingt, jamais on n'en verra.

Ce qui perd les enfants trop hâtifs, c'est leur premier succès. Ils s'y complaisent, se font une routine, et deviennent des nains. Notre peintre de douze ans comprit heureusement, et sa mère comprit comme lui, malgré les flatteries du public et du roi lui-même, qu'il n'était après tout qu'un habile écolier, et qu'il avait besoin d'un maître. Où le chercher ? En Hollande, ce n'était guère possible : les arts, dans l'Europe entière, ne florissaient alors et n'avaient quelque vie qu'à Paris. Scheffer y fut envoyé, et entra dans un des ateliers le plus en vogue, l'atelier de Guérin.

Il ne faut pas s'imaginer qu'à cette époque, vers les derniers temps de l'empire, la moindre idée d'innovation pénétrât dans un cerveau d'artiste, de quelque pays qu'il vînt, et quel que fut son âge. Nous ne pouvons aujourd'hui nous bien représenter ce qu'était la discipline ou plutôt la léthargie de ce temps-là en matière de beaux-arts ; nous en sommes plus loin que de l'Égypte au temps des pharaons. Dans les lettres du moins, il y avait deux églises : une partie du public lisait, applaudissait autre chose que Voltaire ; M. de Chateaubriand et Mme de Staël avaient leurs néophytes, ardents, passionnés, pleins de vie. En politique, il y avait plus d'un camp : tout le monde n'admirait pas l'empire ; on regrettait, les uns le consulat, d'autres la monarchie ; on s'inquiétait de quelque chose, on interrogeait l'avenir avec anxiété. Dans les arts, rien de semblable, tout était pétrifié : pas un regret, pas un désir. L'autocrate David était plus absolu, mieux obéi que l'empereur son maître. Ses conscrits à lui, le contingent d'élèves qui chaque année entraient dans nos écoles, s'incorporaient à son armée sans murmures, confiants et soumis. Tout le monde avait la croyance, le public comme les artistes, qu'en dehors du style officiel il n'y avait que barbarie. Personne ne s'avisait donc de chercher autre chose, de faire ou d'exiger le moindre effort d'originalité. Chacun peignait, dessinait, composait exactement de la même manière. Ce n'était pas ainsi que, quinze ou vingt ans auparavant, David avait fondé sa puissance. Ses élèves d'alors, les premiers qui l'avaient pris pour chef, en se donnant à lui avaient gardé certaine indépendance ; ils avaient leur physionomie propre : Gros n'était pas Gérard, Girodet n'était pas Guérin. Puis on voyait à côté d'eux certains débris vivants de l'ancienne académie, Greuze et Regnault par exemple ; on voyait quelques solitaires cherchant, comme Prudhon, des sentiers non battus. Ces innocentes dissidences n'avaient pas altéré l'unité du système, et sa froideur s'en était réchauffée ; mais la génération nouvelle ne prenait plus de telles licences : elle n'aspirait qu'à obéir. Toute sève était morte, toute liberté faisait peur : l'esprit de plate imitation, cette lèpre de l'art, avait tout envahi.[1]

Cela dura même après l'empire, l'effet survécut à la cause. Le style impérial était encore debout, incontesté, en possession paisible de sa toute-puissance, lorsque déjà, depuis quatre ou cinq ans, les aigles avaient disparu, lorsque David était hors de France, subissant un regrettable exil. Ce n'est guère qu'au salon de 1819 que la

---

[1] Géricault, il est vrai, exposa son *Hussard* en 1812 ; mais on sait comme il fut accueilli par David et même par le public. En général, on conseilla à Géricault de briser ses pinceaux et de se faire plutôt maçon. Il se soumit et se fit soldat. Il ne redevint peintre que quatre ou cinq ans plus tard, sous la restauration.

Ary Scheffer

rébellion commença : l'esprit d'innovation y fit brèche de trois ou quatre côtés à la fois. Déjà au salon précédent, en 1817, il s'était bien permis certaines escarmouches ; mais le public n'y avait pas pris garde : ceux-là seuls s'en étaient aperçus qui connaissaient l'intérieur des écoles et suivaient le travail des esprits. Depuis déjà quelques années, certains ateliers fermentaient, et le plus signalé dans ce nombre était l'atelier de Guérin.

L'auteur du *Marcus Sextus* n'était cependant pas un esprit téméraire. Jamais il n'eût, de parti pris, abandonné la tradition du maître. Sans s'élever à sa hauteur, sans avoir sa concise énergie, il dessinait à son exemple. Le sentiment du bas-relief est dans tous ses tableaux, ce qui n'empêche pas qu'il s'y rencontre aussi un certain goût de parler à l'âme, un certain désir d'expression. Çà et là, quelque figure rêveuse ou passionnée, quelque heureux effet de lumière, quelque touche sentie, font dissonance avec la raideur des contours et le guindé de la composition. Ce contraste existait chez lui dès sa jeunesse ; il s'était accru avec l'âge. Dans ses derniers tableaux, la *Didon*, la *Clytemnestre*, on sent de plus en plus qu'il se débat entre deux influences, les instincts de sa nature et les souvenirs de son éducation. Quelle sorte d'enseignement un tel maître devait-il donner ? L'autorité lui manquait à coup sûr. Ne pouvant conduire ses élèves, il les laissait aller, et cette tolérance le mettait à la mode. C'est ainsi que, sans le vouloir, et à son grand effroi, par le seul fait de son genre de talent et de son caractère, peut-être aussi de sa faible santé, Guérin se voyait entouré et devenu le chef apparent de la jeunesse la plus indépendante et la moins orthodoxe qu'il y eût en ce temps-là.

Était-ce un bonheur pour Scheffer d'être tombé à telle école ? Nous en doutons. S'il avait eu l'esprit timide et engourdi, rien n'aurait mieux valu ; des compagnons comme Géricault et Eugène Delacroix auraient secoué sa paresse. Mais il pouvait se passer d'eux : en fait d'audace et d'entrain, il n'avait rien à apprendre, tandis qu'il avait besoin d'un maître, nous parlons d'un véritable maître, qui lui eût inspiré confiance et respect, dont il eût épousé la gloire et la méthode avec foi, avec enthousiasme, et qui, sans l'asservir, œuvre impossible évidemment, lui eût communiqué ces secrets, ces procédés pratiques qui se transmettent seulement par l'exemple, et qu'à soi seul on n'acquiert jamais bien. Quelques années de plus, et M. Ingres pouvait être ce maître. Scheffer aimait à penser et à dire de quel secours aurait été pour lui un tel apprentissage. Que d'essais laborieux, que de peines il lui eût épargnés ! Trouver un fonds de savoir tout acquis quand on possède une telle nature, c'était tout réunir ! Sans doute on court quelque danger à suivre un maître, à s'attacher à lui, on y joue son originalité ; mais ceux qui gagnent à ce jeu-là, ceux qui surmontent ce péril, valent deux fois ceux qui ne l'ont pas couru, comme ces enfants qu'on élève à la dure et qu'on risque de perdre, mais qui, quand ils survivent, deviennent des Hercules.

Scheffer et ses compagnons n'étaient pas mis à telle épreuve ; aucun d'eux ne courait le risque d'être absorbé par son maître. Ce qu'ils avaient à craindre, c'étaient les fantaisies, les présomptions de leur jeunesse. Ils s'excitaient et s'échauffaient entre eux, sorte d'enseignement mutuel excellent pour détruire un système, pour en découvrir les défauts, en faire saillir les ridicules, impuissant à fournir le moyen d'en construire un nouveau. Abandonnés à leurs instincts, chacun suivait sa pente : Géricault préparait son *Radeau de la Méduse*, Delacroix sa *Barque du Dante*, Scheffer ses *Bourgeois de Calais*.

Qu'était-ce que ce tableau, qui parut au salon de 1819 ? Depuis ses débuts d'Amsterdam, depuis près de douze ans, Scheffer avait beaucoup peint et même exposé quelquefois. Il travaillait, cherchant sa route sans trop savoir où la trouver. Son tableau de 1819 laissait encore percer cette hésitation ; rien ne ressemblait moins à ce qu'il devait faire un jour, c'était encore le noviciat d'un écolier sans maître. Ni l'exécution matérielle, ni le dessin, ni la couleur, n'affectaient grand désir d'innover : on eût dit, au premier aspect, un de ces tableaux d'histoire comme alors on en faisait tant ; mais plus on regardait, moins on trouvait qu'il ressemblât aux autres. Certaines physionomies, certaines attitudes révélaient chez le peintre un don particulier qui le distinguait de la foule, le don d'exprimer la pensée et de faire lire dans l'intérieur des âmes.

L'expression de la pensée, telle était, à n'en pas douter, la vocation du jeune artiste. À la seule vue de ce tableau, tout incomplet qu'il fût, on eût tiré son horoscope. Il était évident que la peinture pour lui, la peinture proprement dite, ne serait pas le but suprême, qu'au-dessus de l'art lui-même il placerait quelque chose, qu'il demanderait à ses pinceaux un moyen prompt et saisissant d'émettre des idées, une langue intelligible à tous.

Est-ce bien là le but de l'art ? nous est-il donné pour cela ? On peut à ce propos composer des volumes, le texte est inépuisable, et tout à l'heure il faudra bien en dire quelques mots ; mais ne perdons pas de vue notre peintre, qui s'aperçoit enfin de sa vraie vocation et se dispose à la suivre. Au lieu de s'enfoncer dans l'ornière du pur tableau d'histoire, de s'obstiner à pâlir devant de grandes toiles qui glacent son imagination, de s'énerver dans les lenteurs d'une exécution compliquée, il comprend qu'il lui faut des cadres plus restreints, des toiles qui se couvrent presqu'au courant de la pensée, de simples tableaux de chevalet.

Donnera-t-il à ces tableaux le fini précieux qu'on exigeait alors dans les œuvres de dimension moyenne ? Il s'en gardera bien. Descendra-t-il à l'autre extrême, aux rudesses de l'ébauche, aux négligences du croquis ? Pas davantage ; il saura se faire une touche à la fois libre et fine, exprimant tout sans appuyer, indiquant avec suavité des contours d'une exquise élégance, et ne couvrant le sentiment que de tout juste assez de couleur pour qu'il demeure transparent. Tel est le plan qu'il se traça, ou plutôt qui lui vint à l'esprit tout fait et tout tracé, comme les choses naturelles. Il le mit aussitôt en pratique, et commença cette série de scènes familières, touchantes et parfois pathétiques, petits drames pleins de larmes si vraies et d'émotions si douces, qui bientôt allaient rendre son nom célèbre et même populaire, occuper exclusivement cette première phase de sa vie d'artiste, et lui faire patiemment ajourner toute autre tentative plus ambitieuse et plus sévère.

Dire seulement les titres de ces nombreux tableaux, c'est réveiller des souvenirs, rappeler des images que tout le monde a dans la pensée. Qui n'a pas vu, grâce au burin ou à la lithographie, la *Veuve du Soldat*, le *Retour du Conscrit*, les *Orphelins sur la tombe de leur mère*, la *Sœur de charité*, les *Pêcheurs pendant la tempête*, l'*Incendie de la ferme*, et ce vivant portrait de nos désastres, cette page toute frémissante de colère patriotique, la *Scène d'invasion en 1814* ? Le succès de ces compositions, immense il y a trente ans, ne s'est guère démenti, ce nous semble. Que dans le choix des sujets et dans la manière de les rendre il y eût quelques flatteries au goût du jour, quelques moyens de circonstance, un peu de cette habileté, de ce génie du succès qui nous donnait alors des *Michel et Christine*, et certaines chansons de Béranger, on ne peut en disconvenir ; mais sous le savoir-faire il y avait ce qui dure, ce qui survit à la mode, ce qui va au cœur du public dans tous les temps, un accent vrai, une émotion naturelle et communicative.

Au point de vue de l'art, ce qui recommandera toujours ces petits poèmes, c'est une grande qualité, la qualité magistrale de notre école, l'art de la composition. Nombreux ou clairsemés, les personnages y sont tous à leur place, ils pensent, ils agissent, ils parlent, ils dialoguent clairement, sans confusion, sans emphase, sans digression, à la française en un mot, car cet art de grouper, de disposer des personnages, de les bien mettre en scène, non pas en chorégraphe, en maître de ballet, mais en peintre, c'est notre privilège, comme de bien composer un livre, d'en classer les matières, d'en proportionner les parties, d'en faire un tout vivant et intelligible ; c'est par ce don de la composition que Le Sueur et Poussin seront toujours hors de pair, et quiconque veut faire de la peinture en France, eût-il la palette la plus chaude et la plus vénitienne, ou le trait le plus pur et le plus athénien, fera fausse route, il faut le lui prédire, s'il n'a pas cette qualité-là. Eh bien ! Scheffer, qui par certains côtés se ressentait, comme tout à l'heure nous le verrons, de son origine étrangère, avait une telle entente de la composition, c'était chez lui un tel instinct de nature, qu'à défaut d'autre titre celui-là suffirait à assurer son droit de bourgeoisie dans notre école.

Ce n'était pas la première fois que la peinture se permettait ainsi de faire à sa façon du drame ou du roman ; mais jusque-là ces tentatives n'avaient guère réussi. Ainsi Greuze, dont le nom vient le premier à la pensée, loin de grandir à cette épreuve, s'y était plutôt compromis. Chose étrange, cet homme qui devant la nature, dans un portrait, dans une étude, a des secrets incomparables, vrai magicien qui fait palpiter la chair et introduit à pleines mains la vie, la passion même dans ses figures, il n'est plus qu'un praticien vulgaire et maniéré dès qu'il sort de la réalité et fait un pas dans la fiction, dès qu'il s'avise de donner à ces mêmes figures un rôle déterminé, de les grouper dans une action commune, d'en composer un drame en un mot. Il a beau faire appel aux sentiments les plus gracieux et les plus tendres, aux plus véhémentes situations, non-seulement il ne devient pas poète, mais il cesse d'être coloriste ; il ne sait plus trouver que des teintes plâtreuses, des tons ternes et blafards. D'où vient cela et qu'en conclure ? Que c'est un art à part que le drame élégiaque en peinture, que ce mélange indéfinissable de forme pittoresque et de sentiment littéraire ne s'obtient dans sa juste mesure que par un certain genre d'esprit et de talent ; que pour y réussir il ne suffit pas plus d'être peintre que d'être littérateur, qu'il faut être à la fois l'un et l'autre, chose assez rare assurément. Greuze avait deux périls à tenter l'aventure, d'abord le goût de son temps, le goût déclamatoire, puis l'amitié de Diderot. Sans Diderot, il n'aurait jamais fait que ce qu'il savait faire, ce pour quoi Dieu l'avait mis au monde ; mais le bouillant critique lui souffla ses idées. Il parlait d'art avec assez d'esprit pour qu'on s'y laissât prendre. Cet esprit par malheur était tout littéraire, et plus rhéteur que lettré. Diderot voulait affranchir les arts comme l'espèce humaine par les mêmes moyens, la guerre à mort aux traditions. Pour lui, le progrès, c'était la confusion des langues : de la sculpture pittoresque, de la peinture dramatique, tous les fleuves hors de leur lit, un débordement général, voilà le rêve de Diderot. Ce pauvre Greuze fut sa victime, il écrivit sous sa dictée ; plus de peinture, plus de couleur, du sentimentalisme, de la déclamation ; c'est du pur Diderot que ces tableaux dramatiques ; en les signant, Greuze fait un faux.

Maintenant tournez les yeux sur les scènes d'Ary Scheffer : voyez l'*Incendie de la ferme*, l'*Invasion de 1814*, les *Pêcheurs pendant la tempête* ; *l'action n'est guère moins agitée que dans la* Malédiction paternelle, *la pièce à grand fracas de Greuze, mais quelle différence ! Vous n'êtes pas au mélodrame ; vous êtes ému par des moyens de bon aloi ; c'est l'auteur qui vous parle ; il sent ce qu'il vous dit, il n'a pas de souffleur, rien d'emprunté, rien d'affecté ; aussi les sentiments qu'il exprime, loin d'engourdir son pinceau, lui donnent au contraire plus de souplesse et plus d'accent. Faire penser, faire rêver, attendrir le spectateur, c'est là sa peinture à lui, c'est par là qu'il est peintre ; dessin, couleur, idée et sentiment, tout cela n'est chez lui qu'un tout inséparable, comme ces mélodies dont les notes s'identifient si bien aux vers qui les inspirent, qu'elles semblent en sortir tout naturellement. Le naturel, pour tout dire, le naturel uni à l'art de la composition, tels sont les deux secrets qui assuraient à Scheffer le succès de ses petits tableaux ; ajoutons-en un troisième, la distinction de ses types, de ses figures en général, et particulièrement de ses têtes de femmes, sorte d'idéal suave et mélancolique qui donnait à ses œuvres un cachet si nouveau.*

On le voit donc, le succès était grand ; le genre modeste, mais sûr. Était-ce assez pour Scheffer ? N'avait-il rien rêvé de plus ? Se croyait-il au terme de ses efforts ? Loin de là. Cette faveur publique n'était pour lui qu'un aiguillon. Il en était heureux et fier tout comme un autre, et même il en profitait pour fonder son indépendance, mais sans y tenir autrement, et jamais pour la conserver il n'eût fait le moindre sacrifice de ses idées ni de ses espérances. Ses espérances étaient vastes : à mesure qu'il marchait, l'horizon s'étendait pour lui, et ses yeux découvraient des sommets qu'il prétendait atteindre. Il se sentait la flamme d'un grand peintre, la puissance de l'invention, le génie de l'expression ; que lui manquait-il donc ? Un instrument plus ferme et mieux réglé pour donner un corps à ses rêves, pour revêtir sa pensée d'une forme plus arrêtée et plus palpable. Il sentait bien qu'en glissant sur ses petites toiles il n'avait jusque-là qu'indiqué ce qu'il avait dans l'âme, et que pour en laisser une trace profonde il fallait gouverner autrement son pinceau. Au plus fort de sa vogue, il fut pris d'un immense regret de ce qu'il appelait son éducation manquée. Était-ce vers l'époque où M. Ingres revenait d'Italie comme d'un long exil, et trouvait, pour prix de sa persévérance, dans le public régénéré un respectueux empressement et chez quelques adeptes un véritable fanatisme ? Était-ce l'influence de cette élévation de style, de ces principes traditionnels si hardiment inaugurés qui avaient agi sur Scheffer ? N'était-ce pas plutôt le résultat tout naturel d'un travail tout intérieur ? Quoi qu'il en soit, vers 1826 il était, on peut dire, aux prises avec lui-même, se livrant les plus grands combats, se soumettant aux plus rudes épreuves qu'aucun maître peut-être ait jamais acceptées au-delà de sa première jeunesse.

Nous en avons le souvenir présent. Un jour, dans cet atelier qui d'ordinaire était rempli de chevalets d'un petit modèle, et où la toile la plus grande n'excédait guère les dimensions d'un portrait, nous fûmes surpris d'en trouver une qui du sol montait presque au plafond. Elle était déjà couverte d'un épiderme de couleur laissant voir des contours finement arrêtés. Ce n'était pas encore un tableau, c'était plus qu'une ébauche. On eût dit une apparition vaporeuse et diaphane. De malheureuses femmes réfugiées au sommet d'un rocher se tordaient les mains de désespoir, les unes implorant le ciel, les autres penchées sur l'abîme et regardant l'issue d'un combat meurtrier. Jamais nous n'oublierons cette scène émouvante. Sans quelques coups de crayon blanc encore tracés sur la peinture, l'illusion aurait été complète ; la scène elle-même apparaissait comme à travers un transparent. Scheffer était là depuis huit jours dans le feu de sa première pensée : c'était, on le devine, ses *Femmes souliotes* qu'il jetait ainsi sur la toile. Ces créatures héroïques se lançant à la mort pour fuir le déshonneur et l'esclavage lui avaient monté la tête. Peindre en petit, c'est-à-dire indiquer seulement, laisser dans le vague et l'à-peu-près un tel acte, de telles âmes, c'était, selon lui, en prendre trop à son aise. Il fallait essayer de tout dire et de tout rendre, à l'échelle de la nature. Il abandonnait donc ses tableaux commencés, ses joujoux, comme il les appelait, et se donnait tout entier à cette œuvre virile.

Trois ans auparavant, on l'avait déjà vu tenter même entreprise. Il avait envoyé au salon de 1824, en compagnie de huit ou dix charmants petits tableaux, un *Gaston de Foix* trouvé mort après la bataille de Ravenne, grande et sombre composition qui ne manquait pas d'énergie, et où l'âme du peintre se laissait voir encore dans l'admirable tête du héros expire, mais au demeurant vraie boutade romantique, surtout quant à l'exécution. Tout ce qu'un des plus spirituels contemporains de Scheffer s'était déjà permis à cette époque d'épaisseur de couleur, de tons heurtés, de négligences volontaires, Scheffer en avait usé lui-même dans cette grande toile. Les novateurs d'alors, vrais affranchis, sans frein et sans mesure, battirent des mains avec transport. Un enrôlé de plus venait grossir leurs rangs ! Scheffer entrait au parti de la grande couleur ! Il en avait assez de la pensée ! quelle joie dans Israël ! Par malheur, le public était moins enthousiaste ; il admirait la tête du Gaston, trouvait le reste assez triste, tournait le dos, et courait faire foule devant la *Veuve du Soldat*. Scheffer se garda bien d'écouter les applaudisseurs ; il fut de l'avis du public, et désormais ne s'amusa plus à crépir ses tableaux.

C'était un de ses dons, don précieux dans les arts comme à la guerre, que cette promptitude d'esprit qui d'un coup d'œil voit une fausse route, et qui sans marchander s'en détourne à l'instant. Toujours prêt à tout essayer, comme un homme qui s'enseignait lui-même, il était également rapide à ne pas s'entêter dans les guêpiers où il tombait. Aussi les *Femmes souliotes* n'avaient avec le *Gaston* aucune espèce de parenté : ce n'était ni la même brosse, ni la même main. Dans cette ébauche terminée que nous avions devant les yeux, la touche était déjà aussi lisse que limpide ; point d'empâtements outrés, point d'ombres poussées au noir, une clarté fluide et harmonieuse sur toute la toile. S'il eût été possible de monter le tableau de ton sans rien détruire de ce premier effet, il en serait résulté une œuvre irréprochable. Aussi y avait-il des gens qui conseillaient à Scheffer de s'en tenir à ce qu'il avait fait. « Restez-en là, lui disait-on, n'y touchez plus. — En rester là, répondait l'artiste, autant vaudrait n'avoir pas commencé. Ce n'est pas seulement pour grandir mes figures que je quitte les petites toiles, c'est pour peindre autrement. Si je m'en tiens à cette préparation, on me dira qu'en grand comme en petit je ne fais toujours que de l'aquarelle. Je veux serrer de près la forme, accuser non-seulement les contours, mais les reliefs. Laissez-moi faire, j'en viendrai à bout. » Et en effet, à quelque temps de là, au salon de 1827, l'étonnement fut grand lorsqu'on vit ce tableau qui, par le caractère des têtes, par la touchante vérité et la profondeur des expressions, portait, encore évidemment le cachet de l'auteur, mais qu'on aurait dit peint par un autre, tant le changement était grand dans le procédé d'exécution, tant son pinceau net et moelleux reproduisait avec délicatesse aussi bien ces brillants accessoires, ces costumes aux broderies orientales, que les carnations variées de ces femmes, de ces jeunes filles, de ces charmants enfants. Les plus hargneux critiques, les plus grands ennemis du sentiment en peinture, avouèrent qu'il y avait progrès. Le fait était incontestable. Il est vrai que le peintre, pour en arriver là, avait fait à sa pensée première quelques légères infractions, jeté tout un côté de la scène dans l'ombre, et même dans une ombre épaisse, usé de contrastes en un mot, c'est-à-dire emprunté avec discrétion sans doute, mais non sans dommage pour son œuvre, les recettes toujours un peu factices des coloristes de profession. Aussi, tout en mêlant alors notre éloge public aux félicitations presque unanimes que recevait l'auteur, nous ne pouvions nous défendre, à part nous, d'un certain regret involontaire, et depuis ce temps-là, chaque fois qu'au Luxembourg nous revoyons ces *Femmes souliotes*, notre plaisir est plus ou moins troublé en les comparant à elles-mêmes, c'est-à-dire au tableau qui nous vient en mémoire dans sa fraîche pâleur et sa virginité.

Étions-nous donc de ceux qui voulaient que le peintre suspendît son travail, et, par respect pour sa pensée première, laissât sa toile inachevée ? Non, Scheffer avait raison, un frottis vaporeux, une apparence de modelé n'est vraiment pas de la peinture. Ce genre d'interprétation des objets est à peine acceptable dans les œuvres de dimension réduite ; l'échelle étant conventionnelle, le procédé peut l'être aussi ; mais lorsqu'on veut représenter les choses telles qu'elles sont, aussi grandes que Dieu les a faites, on doit en imiter franchement les surfaces, franchement et complètement, c'est-à-dire modeler et colorer. Il faut donc être coloriste quand on veut être peintre ? Il le faut de toute nécessité. Mais n'est-on coloriste que d'une seule façon ? C'est là le point à éclaircir. Ne dirait-on pas qu'il existe un prototype du modelé et de la couleur, que le procédé en est invariable, absolument déterminé par la manière dont certains maîtres ont compris et rendu les effets de lumière et d'ombre ? Celui-là seul passera-t-il pour coloriste qui cherche à monter sa palette au même ton, à la même puissance que Rubens ou Rembrandt, qui donne aux reliefs toute la saillie possible, qui vise à l'illusion, au trompe-l'œil ? Pour notre part, nous ne le pensons pas. Nous admirons, autant que qui que ce soit, les magiques beautés de ces rois de la couleur : nous aimons jusqu'à leurs excès, parce qu'il n'y a rien dans leurs œuvres qui puisse en être compromis, parce qu'ils n'aspirent qu'à nous peindre la vie, l'âme extérieure de ce monde ; mais s'ils avaient une autre prétention, s'il était dans leur génie de parler à l'esprit en même temps qu'aux yeux, s'ils avaient à nous communiquer les mystérieux secrets de la vie invisible, oseraient-ils nous inonder de cette lumière éblouissante ? Nous imposeraient-ils ce modelé qui provoque et harcèle notre attention ? Non, Rubens aussi bien que Rembrandt seraient les premiers à s'en défendre. Ils chercheraient une manière plus calme d'éclairer les objets, d'accuser les reliefs, une couleur en harmonie avec l'effet complexe qu'ils auraient à produire. Autre chose est donc la couleur des coloristes purs, des peintres qui renoncent à tout un côté de leur art, autre chose celle que comporte et qu'exige la peinture élevée à sa toute-puissance, c'est-à-dire aspirant à son double but, à sa vraie raison d'être, la représentation vivante aussi bien des âmes que des corps. Ces deux sortes de coloris ne sont pas deux degrés différents d'une seule et même chose : ce sont deux choses différentes, essentiellement distinctes en principe et en application. L'un est plus spontané, il s'acquiert avant tout par instinct, par tempérament ; l'autre est plus réfléchi, la nature le prépare, l'étude le perfectionne. Mais, ne l'oublions pas, on est ou l'on n'est pas coloriste, on l'est à des degrés divers, dans l'un de ces deux modes aussi bien que dans l'autre.

Il y a des gens qui s'imaginent trouver quelque chose de profond lorsqu'à la vue d'un Raphaël ils s'écrient : « Quel dommage que ce ne soit pas Titien qui ait tenu le pinceau ! » Ils croient inventer là un miraculeux mariage, d'où sortirait une création surhumaine, le chef-d'œuvre des chefs-d'œuvre : eh bien ! il faut leur dire que si par impossible ils étaient exaucés, ce qui naîtrait de leur rêve serait une plate médiocrité. Si Titien voulait rester lui-même, il aurait bientôt saccagé, tout en se mettant à la gêne, les lignes, les contours, les délicates expressions de son associé : le Raphaël disparaîtrait, et nous n'aurions qu'un faux Titien. Si au contraire le Vénitien devait rester dans l'ombre, à quoi bon l'être allé chercher ? Dieu fait bien ce qu'il fait : laissons les chênes porter des glands. Cette union de qualités extrêmes et contradictoires fut l'ambition des Carrache, principalement d'Annibal : qu'en ont-ils obtenu ? Avec des facultés de premier ordre, à quel rang se sont-ils placés ? Ils voulaient faire de la chaude couleur sur du dessin arrêté, ils se sont faits lourds coloristes et vulgaires dessinateurs, ni peintres ni poètes. Est-ce là ce qu'on veut quand on prêche la couleur à tort et à travers, sans s'inquiéter de la mesure, de l'à-propos, de l'harmonie, en demandant à tout le monde le même éclat, les mêmes vigueurs, en appelant incolore tout ce qui n'excède pas le ton de la vérité ? Si quelque chose nous semble impardonnable, quand on se mêle d'aimer les arts, c'est de ne pas sentir que Raphaël est coloriste, grand coloriste, mais seulement lorsqu'il consent à l'être à sa façon, sans dépasser sa propre gamme, sans emprunter le diapason des autres, de ceux qui n'ont à leur service ni la forme ni la

Ary Scheffer

pensée.

Revenons maintenant aux *Femmes souliotes*. Qu'aurions-nous voulu que fît Scheffer ? Non pas un effort moins grand pour se faire coloriste, un effort autrement combiné. Au lieu de ces partis pris, de ces tons soutenus, de ces contrastes, moyens un peu matériels en désaccord avec tout son talent, nous aurions voulu qu'il cherchât un coloris sobre et tranquille, solide, mais conforme à sa nature, de même famille que sa pensée, son coloris à lui, un coloris spécial, complètement affranchi des banalités de métier. Ce que nous souhaitions là, c'était ce que lui-même allait dorénavant chercher, essayer sans relâche, jusqu'au dernier jour de sa vie, ce qu'il eut le bonheur de rencontrer souvent, surtout dans la plupart de ses dernière ouvrages, ceux que le public ne connaît pas encore et dont bientôt nous parlerons.

Nous avons fait comme une halte devant ce tableau des *Femmes souliotes*, parce que dans la vie de l'artiste il marque un temps de transition. On peut dire qu'il ne se rattache ni aux œuvres qui précèdent ni à celles qui vont suivre, différant des premières par la facture et par les dimensions, des secondes par le caractère. Si les figures sont étudiées et peintes avec un soin tout nouveau, c'est encore une scène, une action dramatique, un groupe de nombreux personnages, toutes choses que désormais Scheffer allait laisser là en même temps que ses petites toiles. Voulant épurer son dessin et affermir son style, sans toutefois cesser d'être lui-même, sans renoncer à ses dons acquis, à sa manière pénétrante d'exprimer le sentiment, il n'avait qu'un moyen : concentrer son étude et ses forces sur un petit nombre de figures, éviter toute action compliquée, ne s'adresser ni à la pure histoire ni à la pure fantaisie, l'histoire étant trop positive, la fantaisie trop vague ; chercher dans les légendes ces personnages qui sont un drame par eux-mêmes, que le public connaît et qu'il aime à revoir, qui prêtent au développement et posent devant le peintre, qui se peuvent étudier, analyser sans fin.

Or de toutes les légendes, la plus riche comme la plus sublime, la source éternellement féconde de l'art et de la poésie modernes, Scheffer n'osait y puiser encore. Soit qu'il n'eût pas suffisamment ouvert son âme aux rayons d'immortelle vérité qui plus tard devaient luire pour lui, soit qu'il ne fût pas encore assez sûr de sa main pour toucher à cette arche sainte, près de dix années s'écoulèrent sans qu'il traitât un sujet religieux. C'était pourtant, à son insu, sa véritable vocation, son but suprême ; mais il avait besoin d'un noviciat. Pour s'élever de la vie réelle, vie d'affections, de misères, de tristesses, qu'il avait si bien peinte, à la vie surhumaine, à l'idéal religieux, il lui fallait passer par des régions intermédiaires. Cette atmosphère nouvelle où désormais il allait vivre, c'était la poésie.

Ainsi trois phases successives, trois cycles, pourrait-on dire, dans cette vie d'artiste : le monde tel qu'il est, le monde des poètes » puis enfin le monde de la foi.

De quels poètes allait-il s'inspirer ? Nous dirions presque qu'il n'avait pas le choix : une harmonie préétablie de race et d'origine, d'habitude et de nature d'esprit, l'entraînait vers le nord, vers les beautés un peu brumeuses de la muse germanique ; ou si, par aventure, il se laissait attirer au soleil, ce n'étaient ni les soyeux contours, ni les molles clartés du Tasse et de l'Arioste qui pouvaient le séduire, c'était plutôt la touche abrupte et mâle du plus sombre et du plus rêveur des enfants du midi. Goethe, Schiller, Byron, et par exception Dante, exception fortunée pour lui, voilà les inspirateurs qu'il n'allait pas quitter. Dix ans plus tôt, ce Parnasse étranger eût été lettre close pour le public français ; mais, grâce aux traductions et aux idées naissantes d'émancipation littéraire, on commençait alors à se douter en France de ce qu'étaient Byron, Goethe, Schiller et Dante ; on connaissait, sinon leurs vers, du moins l'esprit et les noms de leurs créations principales. C'était tout ce qu'il en fallait. Mieux vaut un certain mystère qu'une clarté trop grande dans les sources de l'inspiration. Scheffer avait donc raison de suivre son penchant et de ne pas s'adresser à nos propres poètes. La poésie telle qu'on l'entend chez nous n'est pas chose, il faut le reconnaître, qui se transporte aisément sur la toile. Nous n'avons à offrir aux peintres que de beaux vers, expression plus ou moins imagée de sentiments abstraits, ou des scènes de théâtre, et de ces deux choses l'une est intraduisible au pinceau, l'autre le glace et le pétrifie. Dans cinquante ans, si nos savants, à force de labeur, sont parvenus à remettre en mémoire à vulgariser tant soit peu nos poétiques légendes du XIe et du XIIe siècle, ces rustiques iliades, filles ou sœurs de l'épopée de Roncevaux, peut-être alors verra-t-on des tableaux éclore du sein de la poésie française ; mais jusque-là prenez tous nos poètes, prenez notre théâtre, cette gloire des lettres, cette merveille de l'esprit, vous ne trouverez pas un artiste qui s'en puisse heureusement inspirer. Tout est trop dessiné, trop arrêté dans ces chefs-d'œuvre ; ils ne laissent rien à fouiller, rien à chercher, ils disent tout. Si l'artiste avec son pinceau les traduit librement, comme il convient à l'art, il choque nos traditions, trouble nos habitudes, nous crions au contre-sens ; s'il traduit à la lettre, il n'est plus qu'un malheureux copiste de friperie théâtrale. L'école de David en a fait la triste expérience : tous ses tableaux sont des vignettes servilement calquées sur les poses de Talma, c'est-à-dire de glaciales caricatures. Ne prenez pas la poésie pour guide, ou prenez des poètes qui peignent à grands traits et vous laissent vos coudées franches. Il ne vous faut qu'un canevas, un libretto plus ou moins élastique, quelques points de repère pour vous entendre avec votre public ; puis volez de vos propres ailes, inventez ; créez, soyez vous-même tout en suivant les créations d'autrui.

C'est là ce que trouvait Scheffer dans ses poètes étrangers. Ainsi Goethe par exemple, que lui empruntait-il pour s'emparer de son Faust et de sa Marguerite ? Tout juste ce que Goethe avait demandé lui-même à la vieille légende nationale, le fond, la donnée première du drame et des personnages, une certaine teinte locale générale, certains traits de caractère ; mais du reste le détail des scènes, l'esprit du dialogue, l'esprit de Goethe, il n'y touche même pas, glisse à côté, et substitue partout son propre esprit, son propre sentiment. C'est ainsi que les arts doivent se traduire entre eux. Il leur faut une fraternité toujours indépendante. — La Marguerite allemande est moins rêveuse et moins mélancolique, moins virginale et moins candide que celle-ci : avec un cœur aussi honnête, elle a des yeux plus éveillés, c'est vrai ; mais la poésie peut expliquer des choses que la peinture ne saurait dire. Peignez-nous, trait pour trait, sans commentaire, la pauvre enfant telle que l'a conçue Goethe, vive, enjouée, mutine ; le spectateur s'y méprendra, il ne saura pas bien lequel des deux amans séduit l'autre : il faut donc que le peintre insiste sur la candeur. C'est comme les griffes de ce diable : le poète peut les cacher, il a moyen de nous dire à l'oreille à quel homme nous avons affaire, il met ses griffes dans ses discours ; mais le peintre, s'il ne les montre pas, son tableau n'est plus qu'une énigme. Gardons-nous donc d'épiloguer et prêtons-nous de bonne grâce à ces transformations nécessaires. Sans elles, pas d'invention possible en peinture : ce n'est pas un art créateur dans le sens ordinaire du mot. Qu'on nous cite un grand peintre qui ait tiré de son propre fonds un sujet de tableau, qui ne se soit pas fait simplement traducteur ou d'un récit d'histoire, ou d'un rêve de poète, ou d'une tradition populaire. On n'en trouvera pas. Partout un fonds d'emprunt, niais sur ce fonds une liberté d'invention sans limites. Cette liberté, Scheffer savait la prendre et se la rendait plus facile en cherchant ses modèles hors de France, en se mettant comme à l'abri derrière un idiome étranger. Il aurait eu moins d'assurance, si chez nous on savait par cœur les vers de Goethe comme les vers de Racine.

Quitterons-nous ce Faust et cette Marguerite sans avoir indiqué quelle place ces deux figures à demi réelles, à demi fantastiques, ont occupé dans la pensée de Scheffer et presque dans sa vie ? On peut dire que pendant trente ans elles ne l'ont pas quitté, se présentant sans cesse à lui comme une vision favorite, et toujours sous des aspects nouveaux. Elles ont presque assisté à ses derniers moments. Bien peu de temps avant sa mort, interrompant ses travaux de peinture religieuse, qu'il avait cependant tant à cœur d'achever, on le vit saisir une dernière fois ses anciens pinceaux pour mettre encore au monde un nouveau Faust, une nouvelle Marguerite. Chaque fois qu'il s'est inspiré de cette fiction, il en est sorti quelque page marquée à son meilleur cachet. Nous distinguons pourtant, et dans cette famille nous avons nos prédilections.

La première de toutes les *Marguerite* fut la *Marguerite au rouet* ; elle parut au salon de 1831, en compagnie du *Faust tourmenté par le doute*. Depuis les *Femmes souliotes*, Scheffer n'avait rien exposé : c'était son nouveau programme. Avec deux simples figures, chacune isolée dans son cadre, presque sans accessoires, deux portraits pour ainsi dire, il faisait lire clairement, à première vue, sans le secours du livret, tout ce que la plus fine analyse, la plus pénétrante psychologie auraient pu découvrir au fond de ces deux âmes. Comme on les voit souffrir, chacune à sa façon : l'une inquiète et vacillante devant d'obscurs mystères qu'elle s'obstine à sonder, l'autre en contemplation muette devant des mystères aussi, et non moins formidables, les premiers troubles de l'amour ! Cette intensité d'expression, obtenue avec tant d'aisance et des moyens si simples, sans l'ombre de charlatanisme, c'était quelque chose de nouveau et de considérable en peinture. La foule le comprit et se pressa devant ces deux études avec une sympathie curieuse. Scheffer alors se sentit comme attaché à son sujet, il lui sembla ne l'avoir qu'effleuré, et, sans concevoir encore l'idée de compléter le drame, sans revenir en arrière jusqu'aux débuts de ce fatal et touchant amour, il alla droit aux scènes qui tentaient son talent, et avant tout à la Marguerite au prie-Dieu. Nous désignons ainsi la pauvre fille assistant à la messe et succombant à son remords. Quelle attitude et quel regard ! Comme le corps s'affaisse, comme cette tête s'abandonne et tombe sur le prie-Dieu ! Quelle douleur, quel cri de l'âme dans ces bras, dans ces mains ! et comme tout ce pathétique est contenu dans sa juste mesure ! Ici c'est plus qu'une étude, plus qu'un jeu de physionomie habilement rendu, plus qu'un tour de force d'expression, c'est une action complète : la toile est pleine ; les accessoires jouent leur rôle, encadrent la figure principale et en redoublent l'effet. Cette paix, ce silence, ce recueillement autour de la jeune fille donnent à son angoisse quelque chose de plus déchirant.

Pour Scheffer évidemment, cette scène de l'église était à son insu le sujet tout entier : tout *Faust* était là pour lui. Aussi ce tableau, selon nous, sans être inattaquable, s'élève-t-il au-dessus des autres. Il est mieux inspiré et plus touchant. On ne trouve peut-être ni moins d'invention ni moins de sentiment dans la *Marguerite au Sabbat* : sa tristesse est aussi navrante, sa pose est aussi vraie, et la seule façon dont elle tient son enfant fait comprendre toute son histoire ; mais ce pâle fantôme a beau faire, il est moins attachant que la vivante Marguerite, et puis le groupe des deux hommes n'est pas tout à fait exempt d'un défaut presque inconnu à Scheffer, l'emphase théâtrale. Quant aux autres épisodes, la *Sortie de l'Église*, la *Promenade au Jardin*, ce sont de charmantes idylles où l'expression sommeille un peu. Détachées de l'ensemble, ces toiles ne se recommanderaient que par la grâce d'un blond visage, d'un doux regard azuré, d'une démarche souple et légère, d'une heureuse variété d'attitudes et d'expressions ; mais en s'entremêlant à ce tragique voisinage, elles prennent un tout autre intérêt : ce sont des repos, des valeurs négatives, comme les silences en musique. Il en est autrement de la dernière de toutes ces *Marguerite*, la *Marguerite à la Fontaine*. Là, nous trouvons encore un vrai chef-d'œuvre d'expression : la pauvre enfant écoute, mais sans en avoir l'air, les propos qu'échangent sur son compte les jeunes filles ses compagnes ; un trouble indéfinissable altère son placide visage. Ce qui la fait rougir, c'est à la fois l'amour, car on voit qu'elle rêve au bonheur ; c'est aussi la première alarme, le premier frémissement d'une conscience en péril. Tout cela se sent et se voit clairement, sans qu'on puisse dire exactement à quels signes on le devine.

Nous parlons de ce tableau sans nous apercevoir qu'il n'a pas vu le jour, et même qu'il est sorti de France un mois à peine avant la mort du peintre ; mais la gravure nous le rendra bientôt. Quant aux autres, ce sont déjà de vieux amis du public, on peut, en en parlant, se dispenser de les décrire. Ce genre de privilège appartient à presque toutes les créations de Scheffer. Les *Mignon* par exemple, dont la pensée première lui vient aussi de Goethe, ne sont pas moins connues que les *Faust* et les *Marguerite*. On peut même s'étonner que ces figures purement rêveuses, conçues dans un esprit presque tout germanique, sans action caractérisée, et plus lyriques que dramatiques, aient si bien réussi chez nous, qu'elles soient l'objet d'une faveur si générale et si constante dans un pays qui, ayant tout, demande aux arts un sens déterminé. À cela point d'autre cause que la toute-puissance et la magie de l'expression. Si frivole ou si positif que soit le spectateur, il ne peut voir avec indifférence ce regard ardent et malheureux qui semble le poursuivre et s'attacher à lui tout en se perdant dans l'espace. Certains critiques ont demandé à quel signe on s'apercevait que cette jeune fille a le mal du pays, comment on devinait qu'elle rêve aux citronniers et au soleil plutôt qu'à toute autre chose, à sa mère, à ses compagnes, ou même à son amant ? Pauvres questions qui n'ont pas arrêté le public ! Y a-t-il là une créature humaine, un cœur souffrant comprimant ses soupirs, rongé de souvenir et de regret ? D'inexprimables aspirations se lisent-elles sur ce visage ? Voilà tout ce qu'il faut au public, et il a bien raison. Cette sorte de mystère qui échappe à l'analyse, et que le cœur comprend, se révèle surtout dans l'un de ces tableaux : nous parlons de la Mignon rêvant à son pays. Celle qui aspire au ciel, à la patrie céleste,

Ary Scheffer

pose un peu trop devant le spectateur ; elle est moins simple, plus agitée, et au fond moins passionnée que l'autre. La moins connue, c'est la troisième, la Mignon retrouvant son père. Elle n'est, à peu de chose près, qu'une répétition de la première, avec addition d'une figure qui n'ajoute rien à l'effet.

Nous voici maintenant (toujours en pleine poésie allemande, représentée cette fois par Schiller) devant des sujets tout différents. Ils ont peut-être moins d'attrait et la gravure les a moins répandus, ce qui n'empêche pas que le peintre y déploie, selon nous, des qualités encore plus grandes et plus fortes. Ici, point de figures de femmes, point de gracieux visages, point de larmes d'amour ; des pleurs encore, mais des pleurs de vieillard, des pleurs de désespoir. C'est Eberhard, le vieux comte de Wirtemberg ; hier il rudoyait son fils, il s'indignait qu'il eût cédé au nombre et quitté vivant le champ de bataille ; il ne lui permettait pas de s'asseoir à sa table, et pour se séparer de lui tranchait la nappe de son couteau : aujourd'hui le voilà vainqueur ; son honneur est vengé, son camp triomphe, il doit être content. Que fait-il donc, seul dans sa tente, les yeux en feu et les joues ruisselantes ? Il pleure devant le corps mort de son fils. — Ces deux scènes, si bien tracées dans la ballade, ont inspiré à Scheffer les deux compositions les plus mâles et les plus énergiques qui soient sorties de son pinceau. Elles sont écloses à plus de quinze ans de distance et c'est par la dernière qu'il avait commencé. Il n'a fait *le Coupeur de nappe* que vers 1850 ; *le Larmoyeur* remonte à 1834. On le vit au Salon de cette année, et maintenant il est au Luxembourg avec les *Femmes souliotes*. Soit mauvaise qualité de la toile, soit abus du bitume comme matière colorante, ce tableau est déjà gravement altéré. La seule partie qui n'ait pas trop souffert est heureusement une des plus belles, c'est la tête et le corps du jeune guerrier couché dans son armure. On peut aussi, en se plaçant bien, découvrir encore quelque chose de l'admirable tête du vieux comte ; mais tout le reste n'est plus qu'un enduit obscur et raboteux. Ary Scheffer, qui savait le prix de cette composition, n'a pas voulu qu'elle fût perdue. Vers le temps où il a fait *le Coupeur de nappe*, il a refait *le Larmoyeur*, et cette répétition est une œuvre nouvelle qui laisse l'original à distance. Les dimensions de la toile sont plus heureuses, les jambes du jeune homme ne sont plus coupées par le cadre, il s'étend de toute sa longueur ;

puis le ton du tableau est moins sombre, moins uniforme, le faire en est plus fin et plus égal. En 1834, Scheffer essayait encore des procédés les plus divers en fait de coloris, et ce sujet lugubre l'avait comme entraîné dans les teintes à la Rembrandt ; en 1850, revenu de toute imitation, ne cherchant qu'à devenir lui-même, il ne s'est plus servi de bistre qu'avec modération, et a jeté du jour dans ces ténèbres. Les deux têtes n'y perdent rien, elles sont tout aussi lumineuses et encore plus touchantes sur ce fond moins artificiel. Ainsi renouvelé, ce tableau est le digne pendant de l'autre scène, du terrible *Coupeur de nappe*. Lequel est le plus pathétique ? On se sent attendri malgré soi devant ce beau jeune homme moissonné dans sa fleur, devant cet orgueilleux vieillard dévoré de regrets et de larmes ; mais l'aveugle colère d'un père qui flétrit injustement son fils et ne voit pas que ses insultes le poussent à la mort, mais la fierté muette, immobile de ce fils qu'on sent rugir, comme enchaîné par le respect d'un père, c'est quelque chose qui émeut et qui ébranle encore plus fortement que des larmes.

Ces deux tableaux sont en Hollande. Nous voudrions qu'on les montrât à ceux qui ne voient en Scheffer qu'un peintre élégiaque, vaporeux, métaphysique. Nous leur demanderions si la passion humaine, si le vrai drame sans phrases et sans décors a souvent rencontré un plus ferme interprète. Il y a du Shakspeare dans ce *Coupeur de nappe*. Si Scheffer n'a pas fait souvent résonner cette corde, on le voit, elle existait en lui. Son *Giaour*, dans un genre moins sobre et moins contenu, est encore un exemple de cette énergie de pinceau ; mais ce n'était pas là sa pente naturelle : après le *Giaour*, une autre inspiration de Byron le ramène bien vite à ses prédilections, aux tristesses de l'âme, à l'idéal mélancolique. Cette *Medora*, l'œil fixé sur la mer qui doit lui ramener son amant, est un des types favoris de l'imagination de Scheffer. C'est une beauté du Nord, un peu sylphide. Elle n'a ni les joues arrondies de Marguerite, ni les pommettes saillantes de Mignon ; rien d'allemand ni de bohémien ; ses traits ont plus de style ; on souhaiterait seulement que sa chair eût plus de consistance, plus de vie, moins de délicatesse : le peintre a trop voulu nous faire sentir que Medora doit mourir si Conrad ne revient pas.

Nous voilà presque au terme de cette phase de poésie qui occupe le milieu de la vie de notre artiste, et nous n'avons rien dit encore de sa *Francesca di Rimini*, de l'œuvre qui domine en quelque sorte cette période tout entière. Pour le public, le nom de Scheffer éveille avant tout l'idée de cette composition d'un genre si neuf et si touchant, de ce groupe si artistement enlacé, si bien uni d'un même supplice et d'un même vouloir, si tristement, si amoureusement emporté dans l'espace. N'eût-il jamais fait autre chose, l'auteur d'un tel tableau échapperait à l'oubli. Scheffer a pu trouver quelquefois des beautés d'un ordre supérieur ; il n'a rien produit d'aussi harmonieux, d'aussi complet. Sans perdre ses qualités propres, il semble en emprunter ici qui lui sont étrangères. C'est une ampleur de style, une souplesse, une pureté de lignes, une rondeur de modelé que ses poètes du Nord ne lui inspiraient pas. En se séparant d'eux un instant, en s'approchant de Virgile et de Dante, on dirait qu'il pénètre dans une autre atmosphère, qu'il est sous l'influence d'un autre art, d'un autre goût ; un souffle embaumé d'Italie semble avoir passé sur sa toile.

L'original de ce tableau, qui appartenait à M. le duc d'Orléans et qui parut à la vente de sa galerie, n'était pas dans un état de parfaite conservation. Des accidents, moins graves que ceux qui déparent *le Larmoyeur* du Luxembourg, altéraient une partie des fonds et même des figures. Scheffer a eu le courage, comme pour *le Larmoyeur*, de faire une répétition entièrement peinte de sa main. Il faut voir cette *Francesca* nouvelle pour sentir ce que l'œuvre a gagné dans ce second enfantement, tout ce que vingt ans d'études, de réflexion, d'expérience, ont ajouté de délicates nuances et d'heureux traits d'expression à ce fond déjà si riche. Peu d'artistes ont eu la constance de reprendre et de refondre ainsi, après longues années, leurs œuvres de prédilection. Ceux qui ont fait des répétitions, et le nombre en est grand, les ont faites identiques, au moment même de la première création, si bien que la postérité a souvent peine à reconnaître les véritables originaux. Scheffer au contraire ne s'est guère copié lui-même que pour ajouter, corriger, étudier à nouveau. Jamais content de ce qu'il avait fait, recommencer par espoir de mieux faire, c'était un bonheur pour lui. Il ne changeait pourtant que des détails. Dans son ensemble, la *Francesca* reste la même : c'est toujours le tableau que le public connaît ; mais si connu qu'il soit, il faut qu'on nous permette d'en dire ici quelques mots. C'est sur la part d'invention qui revient à l'imitateur que nous voudrions insister. Ce n'est pas tout, en effet, de lire le cinquième chant de *l'Enfer* et d'en être vivement ému. Le tableau n'est pas fait quand on a lu les vers ; disons mieux, il serait mal fait si la toile s'en tenait à ce que les vers lui disent sans rien changer, sans rien ajouter. Dante compose son tableau à sa façon. Cette rafale infernale qui entraîne dans le ténébreux séjour les amans criminels ; tous ces milliers de malheureux emportés deux à deux par le noir tourbillon qui jamais ne s'arrête, grinçant des dents, se lamentant, « traînant leurs plaintes » comme de longues files de grues qui passent en chantant leur lai, comme des nuées d'étourneaux poussés par le vent d'hiver, tout cela n'est qu'indiqué, crayonné dans la demi-teinte ; c'est le fond, l'arrière-plan du récit : ce qui est en saillie, ce qui se détache en lumière sur ce gouffre de ténèbres, ce qui fait le premier plan du poète, ce sont les paroles de Francesca, ces adorables réponses que son interlocuteur ne peut entendre sans s'attendrir et sans tomber évanoui. Eh bien ! tout ce divin dialogue, il faut y renoncer. Essayez donc d'aboucher Dante et Francesca, cherchez à tracer ce colloque, la scène deviendra inintelligible aux yeux. Il faut la prendre au rebours et faire dominer la rafale en la personnifiant dans Paolo et Francesca ; il faut choisir le moment où les paroles viennent de cesser, où les pauvres amans, détournés un instant de leur route par l'attrait sympathique de ces deux étrangers, et planant, pour venir à eux, comme deux colombes suspendues sur leurs ailes ouvertes et immobiles, sont tout à coup repris par la tempête et retombent dans leur supplice. Il faut nous montrer Francesca, la lèvre encore tremblante, des paroles qu'elle vient de dire, le cœur gonflé de souvenirs, les yeux noyés de larmes. Il faut enfin, par des effets purement plastiques, donner au spectateur la même impression, le même état d'esprit où nous jette la lecture de ce merveilleux épisode. A-t-on souvent mis en pratique, avec un tel bonheur, l'art difficile de traduire par équivalent ? Tout est changé et tout subsiste ; rien n'est à la même place, tout est empreint du même esprit. Nous n'avons qu'un regret devant cette belle œuvre, c'est que Scheffer, avant d'y remettre la main, ne soit pas allé voir à Florence, dans le palais du podestat, aujourd'hui la prison, *il Bargello*, le véritable Dante tracé sur la muraille, de la main de Giotto, son ami. Ce beau profil, découvert par miracle il y a douze ou quinze ans sous une croûte de badigeon, ces traits si fins, cet œil si fier où se trahit si bien l'ardeur de l'âme et le feu du génie, nous voudrions les voir au second plan de la Francesca, au lieu de ce Dante traditionnel, Cassandre débonnaire et sénile. Une scène si belle demanderait un plus digne témoin.

La *Francesca di Rimini* fit son apparition au salon de 1835. Parvenu à cette hauteur, Scheffer allait de plain-pied, pour ainsi dire, passer de l'idéal poétique à l'idéal religieux. Il s'en était frayé la route peu à peu et comme à son insu. Dès 1836, on voyait dans son atelier l'ébauche du *Christ consolateur* ; l'année suivante, il l'avait achevé. Hâtons-nous de le dire, ce n'était là qu'un prélude, un essai sur terrain neutre, l'essai d'un néophyte qui côtoie le sanctuaire sans se permettre d'y entrer. Dans ce tableau, disait naguère un juge aussi bienveillant qu'éclairé, il y a plus de philosophie que de religion. Et en effet le personnage principal, ce Dieu consolateur entouré de tant de malheureux, c'est un symbole de mansuétude et de bonté, ce n'est pas le Dieu bon, le Dieu vivant, le Dieu qu'on prie, qu'on aime, le Dieu que tout à l'heure Scheffer nous montrera ; tous ces malheureux eux-mêmes, qui, chacun pris à part, sembleraient pleins de vie, groupés ainsi artificiellement, comme des arguments à l'appui d'une idée, perdent en quelque sorte leur personnalité, et se transforment en abstractions. C'est la souffrance de la maternité, la souffrance de l'esclavage, la souffrance du génie, toutes les souffrances de ce monde, calmées et adoucies par la bonté divine, par la bienfaisante rosée des espérances immortelles : tout cela est très ingénieux, très pur, très moral, très habilement rendu ; toutes ces têtes sont touchantes, quelques-unes admirables, on ne se lasse pas de les contempler une à une, mais tout cela fait un tableau, il faut bien l'avouer, d'une incontestable froideur.

Si Scheffer était resté dans cette voie, il eût donné beau jeu à ses adversaires naturels, aux détracteurs de l'expression et de la pensée dans les arts, aux mortels ennemis de la peinture d'idées, comme ils l'appellent. Autant c'est un grossier système que ce culte de l'art pour l'art, si fort en faveur aujourd'hui, de l'art qui non-seulement n'enseigne rien, mais ne dit rien, n'exprime rien, ne fait penser à rien, et se pavane uniquement de quelques coups de brosse plus ou moins téméraires, autant il faut se mettre en garde contre la tentation de faire dire au pinceau plus qu'il ne doit, plus qu'il ne peut. Nous ne voulons pas de la peinture muette, mais nous voulons qu'elle ne soit pas pédante, qu'elle se contente de son propre langage, qu'elle ne parle ni science, ni philosophie, ni morale, et quand elle cherche la religion, que ce soit par la bonne route, par le cœur, non par l'esprit. Eh bien ! Scheffer, grâce à ce don de s'amender lui-même que tout à l'heure nous signalions, s'était aperçu bientôt qu'au lieu d'aller à l'idéal il marchait à l'idéalisme, qu'il lui fallait sortir de ce brouillard allemand, ne plus se fatiguer l'esprit à des synthèses théophilanthropiques, ne plus inventer Dieu, mais le chercher tout simplement dans la Bible et dans l'Évangile. Aussi ne l'a-t-on vu retomber qu'une fois dans les voies qui l'avaient conduit au *Christ consolateur*, et c'était pour faire un pendant : la symétrie le ramenait en arrière. Le *Christ rémunérateur* est conçu dans le même système : mêmes qualités, mêmes défauts ; c'est un jugement dernier de fantaisie, trop plein d'idées, trop peu vivant ; mais, encore une fois, cet exemple est le seul : dans tous ses autres essais de peinture religieuse, Scheffer est parti du principe opposé ; c'est la naïveté historique des saintes Écritures sans raffinements, sans commentaires, c'est le Dieu réel et agissant qu'il s'est proposé de peindre. Voilà ce que la critique n'a pas eu l'équité de toujours reconnaître. Elle a pris texte de deux tableaux pour juger tous les autres ; de l'exception elle a conclu la règle, et, sur la foi de ses oracles, bien des gens sont encore convaincus que Scheffer n'a jamais peint que des Christ philosophiques, et que dans ses tableaux religieux il est un pur idéologue.

Ce qui n'est guère plus juste, c'est de prendre au sérieux certains travaux de circonstance sur lesquels il faudrait glisser. Qu'importe par exemple que sous le nom de Scheffer quelques toiles figurent au musée de Versailles ? Est-ce la *Bataille de Tolbiac* et *Charlemagne dictant ses Capitulaires* qui ont fait sa réputation ? Qu'avons-nous besoin d'en parler ? Qui se souvient de ces tableaux ? Scheffer s'en souvenait-il lui-même ? Notre seul grief, c'est le temps qu'il a mis à les faire, et qu'il pouvait mieux employer. Quant aux tableaux eux-mêmes, l'art n'y joue pas grand rôle, c'est tout simple. Ils feraient disparate s'il n'en était ainsi. Versailles n'est pas « un musée de peinture, c'est une galerie d'histoire, un grand moniteur illustré ; nous ne jugeons pas l'idée, nous la prenons telle qu'elle est. Notre respect pour le feu roi, pour le rénovateur de Versailles, est trop sincère et trop profond, nous prisons trop haut sa sagesse et les services que lui doit la France, pour éprouver la moindre gêne à dire qu'il n'avait pas le sentiment de l'art, que, comme presque tous les monarques, il voulait avant toute chose faire vite et faire beaucoup. Près du trône au contraire, dans sa royale maison, c'était comme un don naturel que l'amour éclairé du beau : le génie de l'artiste s'y produisit lui-même, on s'en souvient, sous des traits augustes et charmants. Scheffer avait eu l'honneur, longtemps avant 1830, d'être non pas l'initiateur, la nature l'avait prévenu, mais le conseil et le guide de ces jeunes protecteurs de nos arts, et son goût judicieux les avait maintenus, en matière de peinture, dans un état d'innocente révolte contre l'autorité paternelle. De là deux courants opposés dans les commandes d'objets d'art. Deux tableaux du même peintre, sortant du même atelier, l'un pour s'enfouir à Versailles, l'autre pour aller briller dans la galerie de M. le duc d'Orléans, étaient deux choses tout aussi différentes que deux tissus fabriqués, l'un au métier, l'autre à la main. Voilà ce qui explique comment Scheffer, travaillant pour son élève, nous pouvons dire pour un ami, ces mots sont du prince lui-même, produisait des *Mignon*, des *Francesca di Rimini*, et réservait les *Bataille de Tolbiac* pour la galerie du souverain.

Laissons donc là ces œuvres secondaires, et revenons aux travaux sérieux. Aussi bien nous touchons, non pas au dénouement, mais aux dernières péripéties de celte vie d'artiste : moment plein d'intérêt où peu à peu tout s'éclaircit, où l'hésitation se dissipe, où les efforts se concentrent, où chaque pas conduit plus près du but. Nous venons de laisser le peintre de *Francesca* au seuil de la peinture sacrée ; maintenant il faut voir comment il y pénètre, comment il va de degrés en degrés s'élever dans ce grand art à des hauteurs rarement accessibles.

Son *Christ consolateur* était un dangereux début. Il aperçoit l'écueil, et se porte aussitôt dans un sens tout contraire. Les *Bergers conduits par l'ange*, les *Rois mages déposant leurs présents*, voilà les sujets qu'il s'impose, sujets sans énigme à coup sûr et sans métaphysique. Il les traite avec simplicité, comme des études, sans parti pris, sans recherche, peut-être même sans se permettre une assez grande originalité. Ces lieux communs de la peinture, ces vieux thèmes consacrés ne veulent pas qu'on les brode ; mais, sans les altérer, on peut les rajeunir par un certain accent individuel. Scheffer, vers cette époque, fit bien d'autres essais, un *Christ soutenu par l'ange au Jardin des Olives*, un *Christ portant sa croix*, un *Christ enseveli*. Dans ces compositions, pleines de beautés, on sent encore que l'artiste est sur un terrain qu'il ignore. Ses qualités personnelles commencent à s'y faire jour, elles n'y sont pas acclimatées. Il n'a pas trouvé ce qu'il cherche. Il y a de la tendresse dans cet ange, un sentiment noble et profond dans ces têtes du Sauveur, rien encore de divin. Le véritable terme de son apprentissage, si nous pouvons parler ainsi, la prise de possession d'un idéal religieux qui lui soit propre, qui n'ait rien de banal, rien d'incertain, qui sorte des entrailles mêmes de son talent, c'est la *Sainte Monique* et le *Saint Augustin*. Dix ans s'étaient passés depuis le *Christ consolateur*. C'est au salon de 1846, dernier salon où Scheffer ait exposé, que parut la *Sainte Monique*.

Que dire de ce tableau, sinon redire son immense succès ? Nous savons bien ce qu'en murmurent et les gens de système et les gens de métier : ce n'est pas là de la peinture, c'est une apparition de corps transfigurés. Quelle raideur dans ces corps ! quelle maigreur anguleuse ! quel mépris de la chair ! quelle glorification des os ! Acceptons tout cela, avouons même, si l'on veut, que l'exécution de ce groupe, le genre admis, laisse à désirer quelque chose, que l'auteur tout à l'heure nous donnera lui-même et la mesure et l'exemple de ce qu'on souhaiterait ici, qu'il s'est par trop abandonné à la pente de sa nature ; mais, tout cela concédé, vous trouverez encore plus qu'il n'en faut pour justifier, pour perpétuer le succès. Révisez le public une fois, deux fois, nous l'admettons : il a ses engouements passagers, il est faillible, très faillible ; mais quand il persévère, quand ses prédilections subsistent à travers deux générations, malgré le temps qui court, malgré la mode qui varie, quand il s'obstine à se laisser charmer, c'est qu'il y a chez celui qui le charme un pouvoir solide et réel. Le public ainsi mis à l'épreuve est le critique par excellence. Scheffer l'a toujours trouvé fidèle à chaque degré nouveau qu'a franchi son talent : élégie, roman, dramatiques ballades, grandes et poétiques fictions ; maintenant ce public est convié à des sermons, tout au moins à des homélies, et le voilà fidèle encore ! A quoi bon s'écrier : Ce n'est pourtant pas de la peinture ! C'est bien mieux, puisque l'extase de cette sainte femme se communique en quelque sorte à ceux qui la contemplent, puisque vous vous sentez comme entraînés par elle, comme emportés avec son fils vers ces régions éthérées où s'élève son âme, puisque vous, assistez, par reflet dans ses yeux, au spectacle sublime dont elle est enivrée. L'élan de la vie céleste, l'élan de la béatitude, la vision du surnaturel rendue sensible et fixée sur la toile, voilà le mot de ce succès. Ajoutez aux joies du ciel certains sentiments de la terre que Scheffer excelle à faire comprendre, le bonheur, la reconnaissance de cette mère qui tient son fils contre son cœur, et qui sent qu'il s'émeut, se détache, s'ébranle, commence à quitter terre, et va la suivre dans son vol ; puis, chez le fils, la foi naissante et déjà ferme, tant de respect et tant d'étonnement, tant d'ardeur soumise et domptée, toutes les *confessions* en un mot résumées en trois coups de pinceau ! Trouvez beaucoup de peintres qui vous en disent autant, qui vous révèlent de tels mystères, cherchez dans le présent, cherchez même dans le passé, et dites-nous si devant de telles œuvres l'admiration se marchande ! En faveur de ce qui s'y trouve, n'oublie-t-on pas ce qui peut y manquer ?

Quant à Scheffer, il ne l'oubliait point. Toujours en garde contre lui-même, l'œil ouvert sur ses défauts, il allait et venait, comme un vigilant capitaine dans une place assiégée. C'est une curieuse étude que celle de cet esprit, plein de fougue, jamais emporté, et corrigeant l'excès de son activité par des réactions continuelles. La *Sainte Monique* touchait à l'extrême limite de la transparence en peinture ; dès l'année suivante, dans les *Saintes Femmes revenant du tombeau*, voilà le faire le plus solide et le plus consistant : carnations, draperies, tout est fermement peint dans ce tableau. Aussi le connaît-on mal quand on n'en voit que la gravure. Le pinceau va ici plus loin que le burin. Est-ce le soin de cette exécution plus précise qui refroidit un peu la touche ? est-ce la nature du sujet qui se refuse à plus d'animation ? Nous ne pourrions le dire ; mais cette composition, en quelque sorte irréprochable, produit sur nous un effet tempéré. À cette gravité silencieuse, à la pieuse tristesse de ces trois femmes si saintement exprimée, le peintre, moins occupé de l'extérieur, plus à son aise, se laissant plus aller, aurait ajouté, ce nous semble, une plus grande variété de nuances et cette onction pénétrante qu'il sait produire si admirablement.

Avec beaucoup d'analogie de style et d'exécution, on trouvera plus de feu intérieur et une action plus vivement sentie dans cette Ruth disant à Noémi : « Ne me prie pas de te quitter ; où tu iras, j'irai ; ton peuple sera mon peuple, ton Dieu sera mon Dieu. » La jeune Moabite exprime admirablement la fidélité tendre et passionnée qui l'attache à sa belle-mère. On sent qu'elle aime en elle celui qu'elle a perdu ; les tristesses de son veuvage voilent encore ses yeux. Parmi les œuvres de Scheffer que le public ne connaît pas encore, il en est peu d'aussi touchantes et de plus originales. Aucune affectation de couleur locale ne trouble le spectateur, et pourtant il comprend où se passe la scène ; il sent comme un parfum biblique s'exhaler de ces deux figures.

C'est aussi une inspiration de la Bible, peut-être plus gracieuse encore, que le *Premier Baiser donné par Jacob à Rebecca*. Candeur et pureté sur ce front, amour chaste et brûlant sur ces lèvres, virginale beauté, respectueuse ardeur, rien ne manque à ce groupe charmant. Les contours sont fins et hardis, la touche souple et brillante. Scheffer n'a jamais rien mis sous les yeux du public qui soit d'un tel bonheur d'exécution.

Bien d'autres compositions nous viennent en mémoire ; mais le lecteur n'est-il pas las de ces souvenirs sans contrôle ? Nous ne pouvons pas même, pour l'aider à nous suivre, invoquer ici la gravure ; parmi toutes ces œuvres nées coup sur coup depuis douze ans, il en est peu qui soient déjà gravées. Elles le seront toutes, peut-être même trouvera-t-on moyen, si dispersés que soient les tableaux, de les réunir quelque jour et d'en faire une exposition publique ; tout cela par malheur n'est encore qu'en projet et demande du temps. Il faut, quant à présent, qu'on veuille bien encore nous croire sur parole, tout au moins pour deux ou trois tableaux, dernier complément, selon nous, de cette chaîne de progrès dont nous venons de suivre les anneaux. Après des pages comme la *Sainte Monique*, les *Saintes Femmes*, la *Ruth*, la *Rebecca*, on croit toucher au terme ; un pas nouveau, et le plus grand, reste pourtant à faire. Déjà Scheffer, comme on l'a vu, s'était essayé plusieurs fois au grand problème de l'art chrétien, l'image du Sauveur, la représentation de l'Homme-Dieu. Cette désespérante entreprise ne rebutait pas son courage ; il la poursuivait sans relâche, comme obsédé par la vue d'un type qui lui échappait sans cesse, comme animé par le pressentiment que là serait sa meilleure victoire et le couronnement de sa vie.

De tous les chefs de la peinture, quels sont ceux qui, en cherchant les traits du Dieu fait chair, ont trouvé seulement ceux d'un homme tant soit peu supérieur à la moyenne de notre espèce ? Quelle raideur solennelle chez les uns, quelle molle douceur, quelle afféterie chez les autres ! Sanzio lui-même, qui seul peut-être a complètement touché le but, l'a-t-il toujours atteint ? Dieu s'est révélé à lui, nous l'osons dire ; il a vu Dieu, il nous le montre, mais seulement dans les bras de sa mère : c'est l'enfant-Dieu dont il est peintre ; l'enfant devient-il homme, la révélation cesse ; ce n'est plus ce calme de la force, cette majesté toute-puissante, cette pensée créatrice du monde, ces yeux qui percent les mystères ; à Rome comme à Pérouse et à Florence, à fresque comme sur toile, au sommet du Thabor comme au seuil du sépulcre, nous ne retrouvons plus qu'une tête angélique, la plus belle, la plus douce, la plus compatissante figure, pleine de sainteté, mais sans divinité. Léonard, autant qu'on en peut juger sur les débris de la Cène de Milan, eut aussi sa révélation : son Christ a des beautés divines ; il lui manque peut-être un certain trait de flamme. Ce n'est pas le Christ tout entier, mais la douceur et la résignation de la sainte victime ne seront jamais, sur terre, exprimées plus admirablement. Après ce grand effort, cherchons ; le type s'abaisse. Un reflet affaibli du Christ de Léonard se perpétue par tradition ; chaque époque, chaque école l'altère plus ou moins ; les Carrache l'appesantissent, le Guide l'affadit, Carlo Dolci l'efféminé ; puis tout cela se résume en un certain mélange solennel et maniéré, également dépourvu de l'une et de l'autre vie, qu'on peut appeler le Christ académique. Nous comprenons qu'un peintre qui, comme Scheffer, s'élève à l'art chrétien non par routine ou par commande, mais par invincible attraction, soit impatient de s'affranchir de ces banalités, et s'impose la tâche de résoudre à son tour le problème, de marcher à la découverte du type surhumain. Dès son entrée dans la carrière, c'est la pensée qui le domine. Son début est un Christ, puis il en fait dix autres sans jamais se lasser. Parmi tous ces essais, tout à l'heure nous en signalions trois : nous y trouvions déjà un sentiment profond, mais rien d'assez céleste pour en parler longuement au lecteur. Maintenant en voici trois autres, les trois derniers ; ceux-là forcent à s'arrêter.

Nous le disons en toute confiance, et le public, nous l'espérons, jugera comme nous, ces trois *Christ* sont, chacun dans leur genre, trois coups de maître, trois œuvres de premier ordre, trois des plus nobles créations de la peinture moderne. Nous avons jusqu'ici mis franchement en lumière les imperfections au moins autant que les beautés, cette franchise ne nous fait pas défaut. Nous ne voyons pas en Scheffer un artiste complet, supérieur à tous ses émules, égal aux plus grands maîtres ; nous constatons un fait : consultez vos souvenirs, prenez les peintres qui depuis Léonard, chacun à sa manière, selon son style et sa nature, selon l'esprit des temps, ont sérieusement tenté de peindre le fils de Dieu ; prenez-les tous et demandez-leur quelque chose qui se puisse égaler à l'ineffable expression de ce *Christ pleurant sur Jérusalem* ! Ces larmes de reproche et de tendresse, cette sévérité compatissante, où les trouverez-vous ? et ce *Jésus sur la montagne* terrassant de son calme regard, de son geste tout-puissant le démon qui veut le tenter ? et l'humilité sublime, la divine résignation de ce *Christ au roseau*, de cet *ecce homo* ? Cherchez, vous ne trouverez pas.

Faites maintenant toutes vos réserves, faites la part que vous voudrez aux inégalités ; contrôlez, critiquez, épluchez : il restera toujours une victoire immense, un de ces triomphes de l'esprit qui ne valent pas moins dans le domaine de l'art que les conquêtes du télescope dans la voûte étoilée. Une heureuse et nouvelle expression de l'idéal, c'est la découverte d'un monde. Et notez bien que sur ces trois tableaux la plus minutieuse critique ne trouve à mordre qu'à grand'peine ; ce n'est pas seulement la pensée qui s'élève, l'exécution la suit. Il y a tout à la fois dans la touche plus de largeur et plus de fermeté ; la forme est accusée de près, le modelé a sa juste saillie, le dessin des contours est précis sans sécheresse. Voilà cette harmonie que nous demandions à Scheffer lorsqu'il s'agitait en tout sens dans des essais de coloris : l'équilibre est trouvé, sa pensée est en possession de ses moyens d'expression légitimes, de ceux qui lui sont propres, sans aller au-delà du but, sans rester en-deçà.

De ces trois belles œuvres, la plus considérable comme style et comme composition, c'est à coup sûr la *Scène de la tentation* ;

comme sentiment et comme couleur, c'est le *Christ au roseau*, ce nous semble.

   Rien de si audacieux que la construction du lieu où est mise en scène la tentation. Ce sommet de montagne, cette pointe de rocher où Satan vient de transporter Jésus est tout juste assez large pour les tenir tous les deux. De là le regard plonge sur les royaumes de ce monde et sur leur gloire, *régna mundi et gloriam eorum*, sur ces biens dont Satan dispose, et qu'il offre de céder à Dieu pour prix d'une génuflexion. Cet horizon au-dessous du sol est d'un effet plein de mystère et de grandeur ; il motive le geste du démon et explique clairement la scène. Quant au Satan, c'est une figure étudiée, hardiment conçue, habilement posée, d'une beauté athlétique, car le péché n'a enlaidi que l'âme de l'archange rebelle, son corps a conservé la stature et la puissance d'un être surhumain ; il est vaincu, l'exorcisme divin, le *vade Salana*, vient d'être prononcé, il va fuir et lâcher sa proie ; mais ses mains sont crispées, la rage est dans ses yeux, sa poitrine se gonfle sous les convulsions de l'orgueil. Tout cela est d'un grand effet, mais sent un peu l'effort : c'est une œuvre de labeur, le pinceau a dû passer et repasser souvent sur tout ce corps. L'autre figure au contraire, le Jésus, semble venue d'un seul jet : des pieds jusqu'à la tête, tout est inspiration et travail spontané. Un tel geste, un tel regard ne se font pas à deux fois. Quelle puissance et quelle bonté ! Cette tête est vraiment divine, et pourtant, faut-il le dire ? la draperie l'est peut-être plus encore. Nous demandons grâce pour ce détail. Les draperies, dans les arts du dessin, sont de vraies pierres de touche. On a dit de Raphaël que, quand on couperait toutes ses têtes, il n'en resterait pas moins, seulement par ses draperies, le premier peintre du monde. Voyez, quand le goût se corrompt, c'est par les draperies que se trahit la décadence, et dès que l'art reparaît, c'est encore au jet des draperies qu'on reconnaît son retour. Ceux qui donnent quelque attention à ces sortes de choses, qui devant des tableaux font plus que regarder, qui étudient et comparent, ont-ils bien remarqué dans les œuvres de Scheffer, surtout dans la série qui commence aux *Saintes Femmes*, combien l'art de draper fait à vue d'œil de continuels progrès ? Chose étrange que cette condition vitale du grand style tombant du ciel, pour ainsi dire, et prospérant ainsi chez un homme isolé qui tire tout de son propre fonds, et qui semble, au premier aspect, gouverné par le seul sentiment, tandis que chez tant d'autres elle végète et se soutient à peine malgré les préceptes d'école et les secours de la tradition ! La draperie de ce *Christ sur la montagne* restera certainement comme un modèle dans notre école, et le tableau lui-même comme un type nouveau de notre art religieux.

Dans le *Christ au roseau*, le type est à peu près le même, plus tendre, plus touchant, plus indulgent, comme la scène le comporte ; du reste, pas la moindre recherche d'originalité extérieure : c'est la pose traditionnelle, la figure à mi-corps, derrière le balcon de pierre, et même dans les accessoires, dans la figure qui soulève le manteau d'écarlate, on trouve un souvenir non déguisé des maîtres vénitiens. Ce qu'il y a de neuf dans cette toile, ce qui lui donne une incomparable puissance, et ce qui pour Scheffer est comme le dernier triomphe de sa persévérance, c'est la splendide vie qui rayonne de cette poitrine que la victime montre nue à ses bourreaux, de cette poitrine en pleine lumière que le Corrège ne désavouerait pas. Il semble que le Sauveur, avant de quitter la vie, ait voulu en revêtir toute la magnificence : c'est de la chair déifiée. Le coloris ainsi compris n'est plus une affaire de palette ; il procède de l'esprit, il prête un mystérieux concours à l'expression de la pensée en même temps qu'il ravit les yeux.

Il faut nous arrêter, l'artiste a rempli sa tâche. Allons-nous maintenant, comme c'était notre dessein, essayer de faire connaître, non plus l'artiste, mais l'homme ? En vérité nous hésitons. Si dans l'histoire de son talent, pour suivre ses évolutions, nous avons dû promener nos lecteurs dans des circuits sans fin, nous risquerions de n'être pas plus bref dans l'histoire de sa vie, car il n'était ni moins actif, ni moins ingénieux à se perfectionner dans l'art de l'obligeance, de l'amitié, du dévouement, pas moins ardent à l'exercice des plus nobles vertus qu'à poursuivre les secrets du modelé et de la couleur. Sa nature était partout la même, partout même foyer, même âme, même énergie de volonté, même progrès continu. Et que serait-ce si nous voulions tracer une complète image de son esprit, en peindre les saillies, si promptes à se faire jour à travers les saccades d'un certain accent étranger, la seule chose peut-être qu'il y eût en lui de vraiment hollandais ? Nous en avons bien souvenir, nous croyons les entendre encore ; mais pour les faire entendre aux autres, pour les rendre vivantes maintenant qu'il n'est plus, il faudrait posséder un don bien rare, même chez les artistes, et qui, à personne peut-être, ne fut prodigué comme à lui, le don de peindre de mémoire. Certains objets, surtout certains visages, une fois contemplés, restaient en lui comme en dépôt, et toujours il pouvait, même à longs intervalles, malgré l'absence et malgré la mort même, en retrouver l'exacte ressemblance. Que de fois, aidé par son cœur, n'a-t-il pas fait de tels miracles ! A combien d'amis désolés n'a-t-il pas ménagé cette douce surprise de voir ainsi revivre, contre toute espérance, une image chérie ! Presque à la veille de sa mort, n'était-ce pas encore cette mémoire fidèle et ce cœur chaleureux qui guidaient son pinceau pour la dernière fois ? Nous tenterions en vain un si heureux effort. Comment le faire revivre en quelques froides lignes ? Il faudrait pour un tel portrait Scheffer lui-même, sa touche transparente et sa sûreté de souvenir. Lui seul saisirait comme au vol les contrastes de son caractère comme les mobilités de sa physionomie, tant de nuances, tant d'imprévu, cet insaisissable mélange d'ironie presque mordante et de bonté presque naïve, cette franchise sans pitié pour certains amours-propres, ces ménagements délicats, presque tendres pour certains autres. Nous n'en finirions pas si nous voulions tout dire, et quand tout serait dit, nous n'aurions satisfait ni ceux qui l'ont connu, ni surtout ceux qui l'ont aimé.

Pour suivre Scheffer en dehors de son art, il est d'ailleurs d'autres difficultés. La bienfaisance a ses mystères : irions-nous divulguer tout le bien qu'il faisait, mettre au jour ce qu'il tenait caché, lui faire un mérite public de cette bourse toujours secrètement ouverte, non-seulement aux pauvres, au talent malheureux, à l'artiste sans pain, mais à tant d'autres ? A qui refusait-il ? S'informait-il pour panser une plaie si le blessé était de ses amis, si même il aimait ses tableaux ? On pouvait le trouver incolore et puiser dans sa bourse, y prendre des couleurs, des pinceaux, des modèles, quelquefois même un atelier. Dire tout cela, le dire avec détail, comme il faudrait pour échapper au lieu commun et au style d'épitaphe, ce serait soulever des voiles qu'il s'obstinait à tenir fermés, contrarier ses désirs, violer sa volonté ; ne rien dire au contraire, ou ne dire qu'à moitié, sans accent, sans physionomie, quelle lacune dans notre portrait !

Louis Vitet

Ce n'est pas tout. S'il faut glisser sur l'obligeance et sur la charité comme sur un terrain défendu, que serait-ce donc de la politique ? Elle occupait pourtant une très grande place dans cette vie. Scheffer avait pris au sérieux son titre de Français ; la patrie lui tenait trop au cœur pour qu'il fît bon marché d'elle et surtout de sa dignité. Dire qu'il aimait la liberté, qu'il l'avait aimée de passion, ce ne serait pas notre embarras ; point de difficulté non plus à montrer qu'il avait pour l'ordre un amour non moins énergique ; les preuves en sont encore parlantes à ceux qui n'ont pas oublié que s'il y avait en 1848 des démolisseurs insensés, il y avait aussi pour s'en défendre de véritables citoyens : dans les rangs de cette garde nationale, l'instrument de notre salut, Scheffer avait gagné ses chevrons, et comme chef de bataillon s'était fait un renom populaire par un sang-froid de vieux soldat uni à son élan d'artiste. Mais là n'était pas pour lui toute la politique. Risquer sa vie soit pour des théories, soit contre des émeutes, ce n'est qu'un moment de courage ; il faut quelque chose de plus pour vouer à sa cause, à ceux qu'on a servis, à ce qu'on croit honnête, ces fidélités vigoureuses que rien n'abat, que rien n'ébranle. Dans cet art peu pratiqué, Scheffer était passé maître, sa mort l'a trop bien prouvé. Croit-on qu'il nous fut loisible de peindre au vif ce côté de sa vie ? Pourrions-nous librement parler de ses affections, sans réticence, à cœur ouvert ?

Évidemment il faut nous arrêter devant les portes closes ; mais par bonheur il en est une que rien ne défend d'ouvrir. Chaque artiste, outre sa personne, a quelque chose qui est encore lui, où se reflètent sa vie intime, son caractère, ses habitudes, quelque chose d'intermédiaire entre le public et la famille : ce quelque chose est l'atelier. Sous un certain aspect, presque tous les ateliers se ressemblent : un assez grand vaisseau, des chevalets, des toiles, un mannequin, force cigares, force bons mots, voilà le fond des ateliers. Celui de Scheffer, entre autres exceptions singulières, était un atelier où l'on ne fumait pas, où tout n'était pas en désordre, où l'on causait, non sans gaieté, mais sans gros rire, comme dans un salon, un atelier spiritualiste en un mot. L'harmonie était donc complète entre les tableaux et l'atmosphère où ils naissaient, sans compter qu'une autre influence aidait encore souvent à les faire mieux sentir. Comme la plupart des peintres, Scheffer aimait la musique, et ne l'aimait pas à demi ; il en eût toujours entendu, même en peignant. De là dans cet atelier un concert à peu près perpétuel, si l'on peut appeler concerts ces matinées sans programme, sans apparat, presque sans auditoire, où les exécutants semblaient jouer pour eux-mêmes ou plutôt improviser, tant ils se sentaient à l'aise, bien écoutés et bien compris. Sous ces cloisons élevées et sonores, devant tous ces portraits qui du haut jusqu'en bas faisaient tapisserie, au milieu des tableaux achevés, des toiles, des ébauches, la musique doublait de puissance, et la peinture semblait illuminée. Si jamais nous avons senti les liens mystérieux qui unissent ces deux arts, c'est là, c'est dans cet atelier. À qui contemplait la *Francesca*, la *Sainte Monique*, le *Christ à la tentation*, tel *andante* de Mozart, tel accent de Mme Viardot faisait passer magiquement à l'âme certains détails de sentiment que l'œil seul ne lui transmettait pas, et d'un autre côté ces nobles lignes, ce luxe d'idéal répandu sur ces toiles, préparaient merveilleusement l'esprit aux profondeurs et aux audaces de la pensée musicale. Plus d'une fois, nous l'avons éprouvé, certains mystères d'harmonie se sont éclaircis là pour nous. Scheffer, dans la musique, ne cherchait pas les plaisirs faciles, non que chez lui l'oreille fût blasée, mais il aimait trop la pensée pour se borner aux mélodies qu'on sait par cœur, sorte de rêverie où l'âme s'abandonne et se laisse bercer ; il lui fallait des rêves moins passifs. Apprenait-il que de jeunes téméraires prétendaient rendre intelligibles à force de justesse, de précision, de style, les derniers quatuors de Beethoven, il s'enflammait à cette idée, la prenait sous sa protection, la soutenait de son exemple dans l'atelier, même au dehors, et MM. Chevillard et Maurin trouvaient dès lors en lui leur auditeur le plus imperturbable et le meilleur patron de leur modeste et beau talent. Que de débuts non moins heureux n'a-t-il pas protégés ! Il devinait et attirait l'artiste près d'éclore. Chez lui, on allait toujours de découverte en découverte : tantôt un tableau nouveau, c'est-à-dire un degré de plus dans l'élévation de son style, tantôt un virtuose inconnu. C'est ainsi qu'un jour, à l'improviste, — on nous pardonnera ce dernier souvenir, — un frêle et mourant jeune homme nous apprit, dans ce même atelier, d'indicibles secrets sur un art, malheureusement le plus cultivé de tous, le dernier des fléaux quand il n'est pas presque sublime, l'art de jouer du piano. Jamais ainsi nous n'avions vu le mécanisme et la passion s'entr'aider, se surexciter l'un l'autre, et faire parler une telle langue à un tel instrument. Tendre nature et noble esprit, il était, lui aussi, un chercheur d'idéal. La mort lui avait laissé le temps d'être artiste et non celui d'être connu. Prononcer le nom de Günsberg, ce n'est guère, nous le savons, parler qu'à des amis, à quelques confidents. Nous continuons l'œuvre de Scheffer en faisant tomber ici sur une gloire éteinte avant de naître comme un rayon de sa renommée.

Quittons cet atelier, car après la musique d'autres attraits viendraient encore nous retenir. Nous parlions tout à l'heure des portraits dont ces murailles sont couvertes, on s'oublierait à les regarder tous. Ce n'est pas seulement un curieux assemblage des personnages les plus divers, connus en général et la plupart célèbres, c'est aussi un sujet d'étude. Certain côté du talent de l'artiste se montre ici à découvert : on saisit comme sur le fait son procédé d'imitation. Ces portraits en effet sont tous très ressemblants, mais ce n'est pas la ressemblance qui s'obtient par l'exacte copie, par la reproduction littérale des apparences extérieures ; cette ressemblance matérielle n'est ici qu'incomplète, la plupart des figures ne sont peintes qu'à moitié, les accessoires n'existent pas, il faut deviner beaucoup. Qu'importe ? Ce qui existe est vivant et semble vouloir parler. Le trait immatériel qui constitue l'individualité de chacune de ces têtes, le trait dominant, essentiel, est admirablement saisi et exprimé. C'est le secret du peintre ici comme dans ses tableaux ; seulement ici on en juge encore mieux. On voit qu'il ne s'amuse pas, par un soi-disant respect de la nature, à reproduire dévotement des vérités accidentelles, à vous peindre enrhumé, si par hasard vous l'êtes, à copier l'ennui qu'il vous cause en vous faisant poser : il ose interpréter, résumer, élaguer, au grand profit de l'art, sans détriment pour la nature. Scheffer n'avait besoin, pour exceller dans le portrait, que de s'armer plus souvent de patience. Chaque fois qu'une forte cause a subjugué sa volonté, et qu'au lieu de s'en tenir à de simples indications, il a tenté une imitation complète et sans lacune, il a merveilleusement réussi. Le portrait de sa mère, qui dans cet atelier domine tous les autres, en est l'évidente preuve. Il a voulu faire un chef-d'œuvre, et il l'a fait. Ce portrait, selon nous, est ce que Scheffer a produit de plus excellent dans l'art de peindre proprement dit. Ce n'est pas l'éclat surnaturel qui jaillit du *Christ au roseau*, mais une vérité lumineuse, une limpidité transparente et solide. Comme habileté de touche et maniement de pinceau, les plus grands maîtres n'ont pas fait mieux. Ce portrait, exposé en public, placerait immédiatement l'auteur, dans l'opinion générale, et même avec l'aveu des hommes de métier au rang qui lui appartient comme peintre, et que, faute de le bien connaître, on peut encore lui contester.

Ce que l'amour filial avait produit, un autre sentiment non moins puissant sur Scheffer l'obtint de lui à Claremont l'an passé. Le portrait de la reine est aussi dans son genre une œuvre achevée, qui exprime admirablement l'énergie et la résignation d'un noble cœur, les douleurs et les espérances d'une âme aimante et chrétienne. Nous citerions d'autres exemples d'efforts et de succès non moins heureux ; mais pour Scheffer l'art du portrait ne fut le plus souvent qu'une occasion d'étude et d'exercice, un moyen expéditif d'enrichir sa mémoire, de faire provision d'expressions, ou bien encore un mémento, un instrument qui enregistrait en quelque sorte ses amitiés, ses relations, et lui en perpétuait le souvenir. C'est ainsi que s'était formée et peu à peu suspendue à ces parois la longue suite de ces portraits. Le pieux respect d'une fille qui a vécu en leur compagnie ne manquera pas de les y maintenir, aussi bien que tant de toiles inachevées et tant d'autres reliques du talent de son illustre père. Ces portraits, à vrai dire, sont une galerie, un répertoire biographique d'un prix inestimable pour ceux qui dans l'avenir voudraient tracer la vie de notre artiste, car ils y trouveraient, jour par jour, le souvenir vivant et comme l'écho visible de ses idées et de ses espérances, de ses affections, presque de ses entretiens.

Pour nous, qui nous contentons de parler de ses œuvres, mais qui du moins aurions voulu en donner une complète idée, nous sommes loin de notre but. Nous avons dû laisser dans l'ombre bien des tableaux, et des meilleurs, les uns faute de les connaître, d'autres pour abréger, parce qu'ils semblaient faire double emploi. Nous n'avons rien dit non plus de ses essais de sculpture, essais heureux pourtant, et d'une distinction rare. Il n'est pas jusqu'au talent d'écrire que nous pouvions trouver en lui en cherchant bien, en remontant jusqu'à certaines pages de la *Revue française*. Faut-il remplir toutes ces lacunes ? Quand nous établirions par preuves plus nombreuses qu'il était apte à tout, que sa riche nature aurait en toute chose également triomphé, qu'ajouterions-nous à sa gloire ? C'est comme peintre qu'il doit survivre, c'est sur le peintre qu'il fallait insister. Ce que nous souhaitons seulement, c'est d'en avoir dit assez pour le bien faire comprendre, et pour communiquer à nos lecteurs nos impressions, notre sentiment sur son compte ; car ce n'est pas un de ces hommes qu'on peut juger en quelques mots, avec des formules toutes faites. Lorsqu'on l'a suivi pas à pas dans ses transformations, lorsqu'on l'a vu sous toutes ses faces, à chaque degré du voyage, et qu'on a bien mesuré l'espace de sa longue ascension, c'est alors seulement, qu'on commence à le connaître, à se faire une idée vraie de son originalité, à sentir quels sont ses droits non-seulement à une première place, mais, comme nous le disions en commençant, à une place à part. Cette originalité s'accroît, pour ainsi dire, quand on regarde autour de lui. À qui ressemble-t-il ? Un isolement pareil s'est-il donc rencontré souvent ? C'était déjà sans doute quelque chose d'étrange que Lesueur, en 1640, se frayant une voie solitaire, une voie d'expression, de sentiment et de simplicité au travers des pompes théâtrales que préparaient ses compagnons d'école ; mais entre le peintre des chartreux et la peinture de son époque, la dissonance était-elle aussi grande qu'entre les derniers tableaux de Scheffer et ceux qu'on nous fait aujourd'hui ? En vérité nous ne le croyons pas. Pour trouver un pareil contraste entre un homme et son temps, il faudrait reculer de deux siècles encore, aller jusqu'à Florence, dans une des cellules du couvent de San Marco ; là nous verrions un artiste céleste opposer aux progrès d'un réalisme envahissant la plus paisible obstination et continuer jusqu'à son dernier jour de faire parler à son pinceau le langage des anges.

Lesueur, Angelico ! ce n'est pas sans raison que ces deux noms nous viennent à la pensée. Sans aucune trace d'imitation, sans l'ombre d'analogies qui se puissent indiquer, n'est-il pas vrai pourtant que Scheffer se rattache par certains liens secrets à ces deux grands représentants de la chaste peinture, de l'idéal chrétien ? n'y a-t-il pas dans ses veines quelques gouttes de leur noble sang ? Lorsqu'il a quitté cette terre, ils ont dû lui tendre la main. Ils l'auront remercié d'avoir eu le courage de s'élever par sa propre force aux divines clartés, d'avoir, dans un tel temps, maintenu leur drapeau et vaillamment soutenu leur cause, cette cause du spiritualisme dans l'art qui trouvera sans doute d'éternels adversaires, mais qui saura toujours en triompher.

ISBN : 978-1976289040

www.ingramcontent.com/pod-product-compliance
Lightning Source LLC
Chambersburg PA
CBHW050247230526

45470CB00005B/2144